DECORO NA REDE SOCIAL
UM ESTUDO SOBRE COMPORTAMENTO NO FACEBOOK

Editora Appris Ltda.
1.ª Edição - Copyright© 2024 do autor
Direitos de Edição Reservados à Editora Appris Ltda.

Nenhuma parte desta obra poderá ser utilizada indevidamente, sem estar de acordo com a Lei nº 9.610/98. Se incorreções forem encontradas, serão de exclusiva responsabilidade de seus organizadores. Foi realizado o Depósito Legal na Fundação Biblioteca Nacional, de acordo com as Leis nos 10.994, de 14/12/2004, e 12.192, de 14/01/2010.

Catalogação na Fonte
Elaborado por: Dayanne Leal Souza
Bibliotecária CRB 9/2162

S586d 2024	Silva, Aurelio José da 　Decoro na rede social: um estudo sobre comportamento no Facebook / Aurelio José da Silva. – 1. ed. – Curitiba: Appris, 2024. 　147 p. : il. color. ; 23 cm. – (Coleção Ciências Sociais). 　Inclui referências. 　ISBN 978-65-250-6512-0 　1. Decoro. 2. Redes sociais. 3. Comportamento. 4. Regras de convívio. 5. Interação social. I. Silva, Aurelio José da. II. Título. III. Série. 　　　　　　　　　　　　　　　　　　　　　　　　　CDD – 302

Livro de acordo com a normalização técnica da ABNT

Appris *editora*

Editora e Livraria Appris Ltda.
Av. Manoel Ribas, 2265 – Mercês
Curitiba/PR – CEP: 80810-002
Tel. (41) 3156 - 4731
www.editoraappris.com.br

Printed in Brazil
Impresso no Brasil

Aurelio José da Silva

DECORO NA REDE SOCIAL
UM ESTUDO SOBRE COMPORTAMENTO NO FACEBOOK

Appris
editora

Curitiba, PR
2024

FICHA TÉCNICA

EDITORIAL Augusto Coelho
Sara C. de Andrade Coelho

COMITÊ EDITORIAL
- Ana El Achkar (Universo/RJ)
- Andréa Barbosa Gouveia (UFPR)
- Antonio Evangelista de Souza Netto (PUC-SP)
- Belinda Cunha (UFPB)
- Délton Winter de Carvalho (FMP)
- Edson da Silva (UFVJM)
- Eliete Correia dos Santos (UEPB)
- Erineu Foerste (Ufes)
- Fabiano Santos (UERJ-IESP)
- Francinete Fernandes de Sousa (UEPB)
- Francisco Carlos Duarte (PUCPR)
- Francisco de Assis (Fiam-Faam-SP-Brasil)
- Gláucia Figueiredo (UNIPAMPA/ UDELAR)
- Jacques de Lima Ferreira (UNOESC)
- Jean Carlos Gonçalves (UFPR)
- José Wálter Nunes (UnB)
- Junia de Vilhena (PUC-RIO)
- Lucas Mesquita (UNILA)
- Márcia Gonçalves (Unitau)
- Maria Aparecida Barbosa (USP)
- Maria Margarida de Andrade (Umack)
- Marilda A. Behrens (PUCPR)
- Marília Andrade Torales Campos (UFPR)
- Marli Caetano
- Patrícia L. Torres (PUCPR)
- Paula Costa Mosca Macedo (UNIFESP)
- Ramon Blanco (UNILA)
- Roberta Ecleide Kelly (NEPE)
- Roque Ismael da Costa Güllich (UFFS)
- Sergio Gomes (UFRJ)
- Tiago Gagliano Pinto Alberto (PUCPR)
- Toni Reis (UP)
- Valdomiro de Oliveira (UFPR)

SUPERVISORA EDITORIAL Renata C. Lopes
PRODUÇÃO EDITORIAL Sabrina Costa
REVISÃO Katine Walmrath
DIAGRAMAÇÃO Jhonny Alves dos Reis
MONTAGEM DA CAPA Eneo Lage
ILUSTRAÇÃO DA CAPA Moreno Fonseca
REVISÃO DE PROVA Bruna Santos

COMITÊ CIENTÍFICO DA COLEÇÃO CIÊNCIAS SOCIAIS

DIREÇÃO CIENTÍFICA Fabiano Santos (UERJ-IESP)

CONSULTORES
- Alícia Ferreira Gonçalves (UFPB)
- Artur Perrusi (UFPB)
- Carlos Xavier de Azevedo Netto (UFPB)
- Charles Pessanha (UFRJ)
- Flávio Munhoz Sofiati (UFG)
- Elisandro Pires Frigo (UFPR-Palotina)
- Gabriel Augusto Miranda Setti (UnB)
- Helcimara de Souza Telles (UFMG)
- Iraneide Soares da Silva (UFC-UFPI)
- João Feres Junior (Uerj)
- Jordão Horta Nunes (UFG)
- José Henrique Artigas de Godoy (UFPB)
- Josilene Pinheiro Mariz (UFCG)
- Leticia Andrade (UEMS)
- Luiz Gonzaga Teixeira (USP)
- Marcelo Almeida Peloggio (UFC)
- Maurício Novaes Souza (IF Sudeste-MG)
- Michelle Sato Frigo (UFPR-Palotina)
- Revalino Freitas (UFG)
- Simone Wolff (UEL)

Aos meus pais, Alzira e Sebastião, que sempre foram minha paixão e inspiração e, certamente, teriam ficado orgulhosos por este livro. Amo vocês para além desta vida.

AGRADECIMENTOS

À Prof.ª Dr.ª Regina de Paula Medeiros, por não largar a minha mão.
À Eliana Fonseca Almeida, pela parceria na vida.
Aos meus filhos, Flora e Moreno, pelo amor incondicional.

As redes sociais dão o direito de falar a uma legião de idiotas que antes só falavam em um bar depois de uma taça de vinho, sem prejudicar a humanidade. Então, eram rapidamente silenciados, mas, agora, têm o mesmo direito de falar que um prêmio Nobel. É a invasão dos imbecis.

Umberto Eco

APRESENTAÇÃO

Desconheço outros períodos históricos em que os seres humanos expuseram publicamente com tanta intensidade os detalhes de suas vidas, de suas ações e crenças — e de uma forma surpreendentemente voluntária — enquanto, simultaneamente, passaram a observar, comentar e avaliar as ações, as vidas e as crenças de outras pessoas como na atualidade. Esse fenômeno caracteristicamente contemporâneo só foi possível graças à revolução tecnológica e ao surgimento das redes sociais na internet, ocorridos nas últimas décadas do século 20.

A internet, em suas variadas aplicações, tornou-se a base da comunicação em nossas vidas, seja para o trabalho, para os relacionamentos pessoais, para a obtenção de informações, entretenimento, serviços, política, religião, entre tantos outros temas do convívio social. Nesse contexto, em que a virtualidade adquiriu dimensão fundamental em nossa realidade, as redes sociais se transformaram em vitrine, por meio da qual se pode acompanhar o que as pessoas fazem, pensam ou compartilham. Ao mesmo tempo, podem se converter em vidraça para quem se expõe sem medir as consequências. Os indivíduos escolhem como e o que mostrar de si próprios e, ao mesmo tempo, avaliam e são avaliados, positiva ou negativamente, quanto aos seus comportamentos e de seus interlocutores.

Como integrante do Facebook, rede social que continua sendo a que mais mantém perfis ativos em todo o mundo, inquietei-me com a quantidade de postagens que causavam constrangimentos diversos. Ora pela forma agressiva de o integrante da rede social se expressar, ora pela maneira mal-educada de os interlocutores responderem, ora pelo conteúdo indelicado da postagem, entre outras situações que causavam aquela sensação de "vergonha alheia" e total desconforto. Esses foram alguns dos motivadores para que eu intentasse compreender, no contexto contemporâneo, como se caracterizam as relações nessa rede social virtual.

Para entender melhor o cenário atual, caracterizado pela globalização, pelos avanços tecnológicos e estruturada em sistema de redes sociais com fluxo contínuo e intenso de comunicação e consumo cultural, destaco, limítrofe entre ficção e realidade, a adoção pelo governo chinês do "sistema de crédito social", por meio do qual o comportamento de cada um dos seus 1,3 bilhão de cidadãos é pontuado em uma espécie de ranking de confiança, com base nos dados comportamentais recolhidos por meio do uso das redes sociais e sites de e-commerce. Mostro as semelhanças com um dos episódios de Black Mirror, série antológica da televisão britânica de ficção científica, intitulado "Nosedive" — "Queda Livre", em português —, no qual cada atividade dos personagens rende pontos sociais em um futuro distópico.

Na reflexão sobre como a tecnologia tem estabelecido novos parâmetros para o tempo e o espaço, apresento como exemplo os ataques terroristas aos Estados Unidos em 11 de setembro de 2001. Para tanto, saliento a visão do cineasta francês Alain Brigand, que, no ano seguinte à tragédia, produziu um longa-metragem intitulado 11'09"00, mostrando o ponto de vista de onze cineastas de onze países diferentes sobre o acontecimento e as interpretações de cada povo. Para fechar esse panorama, trago ainda a perspectiva, bastante perturbadora, do ilustrador inglês Steve Cutts. Ele é o animador do videoclipe da música "Are you lost in the word like me?" (Você está perdido no mundo como eu?), do cantor americano, DJ e músico Moby. No roteiro da animação, Cutts faz duras críticas à sociedade contemporânea, ou, como definida por Castells, a sociedade em rede.

A partir desses entendimentos, busco conceituar as redes sociais e compreender como funcionam as regras de uso do Facebook, ou seja, o que é e não é permitido pelos administradores da rede social. Para tanto, faço uma leitura dos Termos de Serviço e destaco os pontos fundamentais para a compreensão do conteúdo desse contrato que, na maioria das vezes, quase ninguém lê no momento de criação do perfil, mas todos aceitam as condições definidas pela empresa para se tornar integrante da rede social.

Apresento, ademais, uma discussão conceitual sobre o decoro, em especial nas obras de dois autores fundamentais da teoria sociológica contemporânea: Norbert Elias e Erving Goffman. O decoro, tema central neste livro, é aqui compreendido como as normas e regras que definem as formas apropriadas para o comportamento dos indivíduos em diferentes situações cotidianas de convívio social.

Por fim, seleciono dois casos do Facebook para as análises sobre o decoro, tanto presente nos discursos postados na rede social quanto no comportamento dos participantes durante o processo interacional. O primeiro caso retrata a abordagem de um policial a um transeunte em uma rua no bairro Recanto das Emas, em Brasília, Distrito Federal. O segundo repercute uma ação depredatória a uma estátua de Iemanjá na praia de Ribeirão da Ilha, em Florianópolis, Santa Catarina.

Tenha uma ótima leitura!

O autor

PREFÁCIO

A obra que apresento é um convite para uma reflexão sobre o decoro, aqui anunciado, a partir da netnografia, particularmente da plataforma Facebook nas redes sociais. Trata-se de uma pesquisa apresentada ao Programa de Pós-Graduação em Ciências Sociais da PUC Minas, que foi cuidadosamente construída. Como instrumento de análise, o autor examinou dois casos emblemáticos que retratam cenas corriqueiras nas grandes cidades e que tiveram uma repercussão extraordinária de 16 mil comentários feitos por uma diversidade e heterogeneidade de usuários.

O autor faz uma discussão ética, séria e inovadora sobre o conceito de decoro e as representações sociais manifestas pelos usuários da referida plataforma, registradas nas trocas de mensagens. Para compreender os valores e significados atribuídos, foi necessária uma empreitada intensa que exigiu do autor debruçar-se na captura de nada menos do que 4.000 postagens que subsidiaram a análise de dois casos que compõem este livro. Na obra ficam evidentes os desafios metodológicos e éticos para apreciar as interações em redes sociais em um contexto da sociedade contemporânea, mediadas pela globalização, pelos avanços e sofisticação tecnológicos, em um fluxo contínuo e intenso de comunicação. Nesse cenário, para compreender os enunciados espontâneos, sem regulamento normativo, compostos de atalhos linguísticos, siglas, símbolos, sinais, rabiscos, emoticons, signos/ícones e articulações entre os usuários das redes sociais, foi imprescindível um grande empenho intelectual. Argumenta o autor, com base na teoria de Fragoso, Recuero e Amaral (2011), que a conversação intermediada pela tecnologia é uma prática linguística que pressupõe negociações simbólicas que, quando interpretadas, podem desvelar conflitos, insatisfações, opiniões, regras de conduta, sentimentos de raiva, ameaça, agressividade, posições políticas e ideológicas, aspectos culturais, estranhamento e status sociais. Ademais, as mensagens enviadas e contestadas são capazes de revelar o contexto social e político em que os atores estão inseridos e suas práticas habituais na vida cotidiana. Nesse quesito, o autor provoca um debate sobre as fronteiras (in)existentes entre as interações sociais construídas no modo off-line e no modo on-line.

Como suporte teórico, nesta obra, é feita uma trajetória multidisciplinar desde os estudos de Malinowski, que discute e usa o termo "decoro" ao explicar sobre decência e costumes com base na moralidade entre os nativos das Ilhas Trobriand. Elege também Elias, em O processo civilizador, quando explica as mudanças ocorridas ao longo do tempo nos modos de conduta e regras de comportamento social. Igualmente, Goffman, na publicação A representação do eu na vida cotidiana, estabelece uma relação entre o decoro e as representações sociais na vida cotidiana, diferenciando a polidez do decoro. Destaca que o decoro está associado aos comportamentos exibidos "à vista" ao público espectador ou a uma plateia. Interpreta o decoro na ordem dos requisitos morais observados na construção dos costumes que são concretizados nas formas de controle social, normativas de comportamento, regras de conduta e na percepção sobre o permitido e o proibido. Ainda nessa trajetória, o autor invoca Roberto Cardoso de Oliveira, que entende a moralidade como um elemento essencial na estruturação da cultura invocada para estabelecer princípios morais de acordo com a lógica própria dos diferentes grupos sociais. As reflexões teóricas foram basilares para subsidiar a análise interpretativa dos casos apresentados e como parâmetro para a escrita conclusiva da pesquisa. A novidade desta obra é a compreensão do decoro na sociedade contemporânea, no campo das Ciências Sociais, analisado por meio de instrumentos metodológicos complexos. O autor afere que o decoro está apoiado nos aspectos morais e éticos que são fundamentais para compreender as interações sociais, respeito mútuo, a alteridade e os fundamentos ideológicos que orientam a forma como uma sociedade específica passa a visualizar o mundo, compreender e racionalizar as regras, normas e comportamentos sociais, muito bem descritos e analisados nos estudos dos casos apresentados nesta obra.

Resta, por fim, revelar que este primoroso livro, em seu conteúdo, convoca e estimula um exercício intelectual para correlacionar os aspectos das redes sociais na contemporaneidade, a comunicação intermediada pela tecnologia e, ao mesmo tempo, os costumes da vida cotidiana construídos coletivamente. Vale destacar que os estudos de caso são feitos com esmero, desvelando os desafios enfrentados e ressaltando que estudar os preceitos morais em plataformas complexas de redes virtuais é possível.

Prof.ª Dr.ª Regina Medeiros
Programa de Pós-Graduação em Ciências Sociais da
Pontifícia Universidade Católica de Minas Gerais.

SUMÁRIO

1
UM OLHAR SOBRE A SOCIEDADE CONTEMPORÂNEA 19
   1.1 ESPAÇO E TEMPO PÓS-REVOLUÇÃO TECNOLÓGICA 24
      1.1.1 O atentado que mudou o mundo 27
   1.2 IDENTIDADE DO SUJEITO NA ERA DIGITAL 35
      1.2.1 Consumo como fator identitário 37
   1.3 UM CENÁRIO PERTURBADOR 40

2
INTERNET, REDES SOCIAIS E FACEBOOK 45
   2.1 A EXPLOSÃO DO FACEBOOK 49
      2.1.1 Termos de Serviço 50
      2.1.2 Política de Dados 53
      2.1.3 Padrões da Comunidade 54
   2.2 COMPORTAMENTO NA REDE SOCIAL 58

3
DECORO: UMA APROXIMAÇÃO CONCEITUAL 63
   3.1 DIRETRIZES DA PESQUISA 76

4
DECORO NO FACEBOOK: ESTUDOS DE CASO 81
   4.1 PRIMEIRO CASO: VOCÊ ESTÁ FALANDO COM POLÍCIA! 81
      4.1.1 Respeitar para ser respeitado 85
      4.1.2 Respeito ao idoso *versus* canalhas também envelhecem 89
      4.1.3 Não fira a hombridade alheia 98
      4.1.4 Conduta policial também deve obedecer às regras 103
      4.1.5 Desacato à autoridade é crime 107
      4.1.6 Abuso de autoridade: o direito de um cessa onde começa o do outro 110
   4.2 SEGUNDO CASO: MULHER DESTRÓI ESCULTURA DE IEMANJÁ
   A MARRETADAS 115
      4.2.1 Intolerância religiosa é crime 118
      4.2.2 O que fazer? Filmar ou impedir o crime? 121

  4.2.3 Lei do retorno 123
  4.2.4 Preconceito alimenta a intolerância......................................125
 4.3 DECORO NA INTERAÇÃO 127

5
CONSIDERAÇÕES FINAIS 137

REFERÊNCIAS..145

1

UM OLHAR SOBRE A SOCIEDADE CONTEMPORÂNEA

A vida espelha a ficção científica ou a ficção científica é um espelhamento da nossa vida pela ótica de um visionário? Tal dilema nunca pareceu tão atual como no momento em que estão sendo escritos os parágrafos deste capítulo que busca retratar a sociedade contemporânea. Basta atentar para o controverso sistema de créditos sociais adotado pelo governo chinês, que o transformou no centro das atenções globais. O sistema é projetado para monitorar, avaliar e classificar o comportamento de indivíduos e empresas na China e atribuir-lhes pontuações com base em seus comportamentos[1].

A medida funciona coletando dados de fontes como agências governamentais, instituições financeiras e plataformas de mídia social e, com base nesse mapeamento, o governo atribui uma pontuação aos indivíduos e empresas visando garantir confiabilidade e responsabilidade. Os pontos são gerados a partir de uma série de fatores como histórico financeiro, antecedentes criminais e comportamento social.

A justificativa do governo chinês apoia-se na criação de uma sociedade transparente, harmoniosa e estável, incentivando a confiança, a honestidade e promovendo o comportamento responsável entre cidadãos e empresas. Por outro lado, críticos da medida dizem que ela pode levar a uma distopia, onde os próprios cidadãos se autocensuram — sem que o Estado precise fazer isso. Ademais, os repreensores do sistema se preocupam com o potencial abuso de poder e impacto na privacidade e nas liberdades individuais.

Polêmica ou não, a iniciativa adota como componentes fundamentais as consequências e recompensas. O governo promete aos cidadãos e empresas com altas pontuações recompensas como fácil acesso ao crédito, rapidez de resposta a solicitações e benefícios como vistos de viagem, tratamento preferencial em licitações, as melhores vagas de emprego, matrícula nas melhores escolas, entre outros. Do contrário, aqueles com baixa pontuação

---

[1] Outras informações sobre o sistema de crédito social chinês estão disponíveis em: https://www.hrone.com/pt/blog/china-social-credit-system/. Acesso em: 15 mar. 2024.

enfrentarão diversas penalidades, inclusive graves, como entrar na lista de personas non gratas ou ter acesso negado a determinados serviços básicos como viagens, educação e saúde. Segundo relatório divulgado pelo Centro de Informação do Crédito Público Nacional da China[2], 23 milhões de pessoas foram impedidas de viajar devido à baixa pontuação em 2018.

Embora pareça enredo de ficção científica, a medida começou a ser planejada pelo governo socialista chinês em 2014 com previsão de ser amplamente implantada no país até 2020. Esse cenário real assemelha-se, e muito, a um dos episódios de Black Mirror[3], série antológica da televisão britânica de ficção científica, intitulado "Nosedive" — "Queda Livre", em português —, no qual cada atividade dos personagens rende pontos em um futuro distópico.

Coincidência ou inspiração, em "Queda Livre" — primeiro capítulo da 3ª temporada de Black Mirror — nos deparamos com uma sociedade na qual os integrantes constantemente se avaliam por meio de "estrelinhas" que se convertem em notas nas redes sociais, de um a cinco (de péssimo a excelente). A avaliação é baseada em práticas cotidianas como, por exemplo, encontros no elevador, conversas no parque, ações no local de trabalho ou em outras atividades diárias. Os pontos podem ser utilizados em descontos de aluguéis, filas preferenciais de aeroportos e outros privilégios de consumo. Ademais, nessa obra da ficção, dão acesso à alta sociedade e aos bens de consumo.

O enredo traz a história de Lacie Pound, uma jovem mulher que vive, aparentemente, em um mundo perfeito, belo e idílico, iluminado e em que prevalecem os tons pastel. Nesse ecossistema, retratado pelo episódio, as pessoas são avaliadas por sua popularidade em um aplicativo de rede social muito semelhante ao Instagram[4]. Lacie precisa entregar a casa onde mora e alugar uma nova residência em pouco tempo. A protagonista, que no início da trama tem uma nota de 4,2 de um máximo de 5 pontos na rede social, encontra a casa dos sonhos, porém o aluguel está fora do seu alcance financeiro, exceto pelo fato de que um ganho de três décimos (0,3) na sua nota lhe daria um generoso desconto. Lacie fará de tudo para alcançar essa pontuação.

---

[2] Disponível em: https://www.poder360.com.br/internacional/entenda-o-sistema-de-credito-social-planejado-pela-china/. Acesso em: 15 mar. 2024.
[3] Black Mirror nasceu na televisão britânica em 2011, no Channel 4, mas se popularizou cinco anos depois, quando migrou para a Netflix. Criada por Charlie Brooker, a série mistura ficção científica e tecnologia e é composta por episódios independentes, com filmes de 40 a 90 minutos de duração cada.
[4] O Instagram é uma rede social na qual são partilhados vídeos e fotografias entre os seus utilizadores.

O roteiro da série, que explora o conflito entre a natureza humana e tecnológica, leva ao extremo uma prática que tem se tornado corriqueira da nossa atualidade: a pontuação virtual para prestadores de serviço e consumidores em empresas como Uber[5] e Airbnb[6], por exemplo. As estrelas marcam a qualidade de ambos os lados. Tanto o episódio da série quanto o sistema de crédito social chinês apresentados, além das relações de consumo, trazem à tona a influência de importantes mudanças econômicas, tecnológicas e culturais, ocorridas nas últimas décadas, nas relações sociais e identitárias contemporâneas.

A tecnologia ganhou primazia porque está ligada diretamente às práticas sociais e às ações das pessoas, e saltam aos olhos exemplos — inspirados na observação do cotidiano — de como ela está relacionada ao dia a dia, nas interações sociais, nas condutas, na construção das identidades, nas experiências subjetivas e na dinâmica rotineira no cenário contemporâneo.

Ao observar a hora do rush, situação corriqueira nos grandes centros urbanos, pode-se perceber que, embora as pessoas caminhem em paralelo para os seus respectivos destinos, muitas delas estão conectadas em seus dispositivos digitais móveis, comportando-se como se estivessem numa espécie de redoma invisível, conversando ou interagindo por meio de mensagens com alguém em diferentes lugares, longe dali.

Caminhando pelos espaços públicos desses centros urbanos, pode-se captar um conjunto de outras situações, também rotineiras, que poderiam passar despercebidas não fosse a mesma peculiaridade: a conexão com a internet e relação não presencial entre os interlocutores. É comum assistir a um executivo dando ordens e fazendo encaminhamentos por meio de seu dispositivo móvel enquanto toma uma bebida em uma cafeteria; o motorista parado no sinal vermelho consultando suas redes sociais ou enviando mensagens de texto e voz por meio de seu telefone (quando não o faz em pleno trânsito); a passageira do metrô tirando fotos e postando em sua rede social; amigos de trabalho almoçando juntos, na mesma mesa, embora cada um esteja entretido por um aplicativo de seu smartphone. Situações semelhantes se repetem em cinemas, shows, baladas, em grupo ou individualmente.

---

[5] A Uber é uma empresa de tecnologia. Usando seu aplicativo, os usuários que precisam de transporte solicitam motoristas parceiros que oferecem o serviço. O aplicativo permite estimar o curso da viagem. Após o serviço, tanto o usuário quanto o motorista parceiro precisam avaliar um ao outro.

[6] O Airbnb é hoje a "imobiliária" que mais cresce on-line. O que torna o Airbnb diferente das agências convencionais é o fato de funcionar como uma rede social. Para alugar — tanto como anfitrião quanto como inquilino — é preciso criar um perfil e entrar na rede. Anfitriões e inquilinos são avaliados um pelo outro e vão criando uma reputação na rede.

Também se tornam corriqueiros, por meio de relatos em rodas de conversa, situações em que mães, pais e filhos, para conseguirem dialogar, precisam recorrer a mensagens enviadas via WhatsApp, ou outros aplicativos, mesmo que estejam no mesmo ambiente. Ou cenas, na intimidade das residências, em que cada membro da família utiliza, simultaneamente, seu próprio dispositivo de acesso à internet para finalidades distintas.

Esses novos padrões de comunicação são desdobramentos dessa revolução tecnológica, concentrada nas tecnologias da informação, que remodelou a base material da sociedade em ritmo acelerado e inovador a partir das últimas décadas do século passado. Com efeito, houve uma intensificação nas comunicações, no sistema de informação, na rapidez dos meios de transporte, interdependência dos mercados financeiros, entre outras, demarcando o entrelace macroestrutural e os diferentes dispositivos sociais. "Economias por todo o mundo passaram a manter interdependência global, apresentando uma nova forma de relação entre a economia, o Estado e a sociedade em um sistema de geometria variável" (Castells, 2016, p. 61).

Mas, para o sociólogo espanhol, a mudança social mais aparente e profunda percebida pode ter sido a transformação das formas de comunicabilidade. Isso porque, segundo Castells, o uso consciente da comunicação é a característica que nos distingue enquanto humanos. A chegada e a rápida ampliação das conexões por computadores, a criação de softwares de código aberto, o desenvolvimento da capacidade de interlocução e transmissão digital nas redes de telecomunicação levaram à expansão da internet após a sua privatização na década de 1990 e à generalização do seu uso em todos os campos de atividade. A internet e suas múltiplas aplicações passaram a ser a base da comunicação em nossas vidas, trabalho, conexões pessoais, informações, entretenimento, serviços públicos, política e religião, além de dar acesso à televisão, rádio e jornais, bem como aos produtos culturais digitalizados: filmes, música, revistas, livros, artigos, bases de dados (Castells, 2016).

A exemplo do uso cada vez mais corriqueiro da internet no acesso aos produtos culturais ou informativos, tanto as informações sobre o sistema de crédito social da China, citado no exemplo de abertura deste capítulo, quanto a série da Netflix, Black Mirror, estão disponíveis na World Wide Web[7]. A Netflix é um serviço de streaming de vídeos que

---

[7] Rede mundial de computadores, também conhecida pelos termos "web" e "www", é um sistema de documentos em hipermídia que são interligados e executados na internet. Os documentos podem estar na forma de vídeos,

oferece ao usuário um catálogo de filmes e séries de TV que podem ser acessados por meio de vários dispositivos como notebooks, tablets, smartphones, videogames e TV.

Essa nova forma de comunicação, que tem como espinha dorsal a rede de computadores com linguagem digital e cujos transmissores interagem e estão distribuídos globalmente, possibilita diversidade ilimitada e autonomia de produção que contribuem para a construção de significados sociais. E é por isso que Castells (2016) sugere o advento de uma nova cultura na qual redes digitalizadas de comunicação multimodal incluíram, de tal maneira, as expressões culturais e pessoais a ponto de terem transformado a virtualidade em uma dimensão fundamental na nossa realidade, a denominada sociedade em rede. Ou seja, uma sociedade caracterizada pela globalização[8] das atividades econômicas, por sua forma de organização em redes, por uma cultura da virtualidade real construída por um sistema de meios de comunicação onipresentes, interconectados e diversificados.

Por ser formada por interconexões em todas as dimensões fundamentais da organização e práticas sociais, houve um "rápido crescimento da demanda social por organização em rede de qualquer coisa, suscitada tanto pelas necessidades do mundo empresarial quanto pelo desejo do público de criar suas próprias redes de comunicação" (Castells, 2016, p. 18). Essas estruturas de comunicações horizontais foram construídas em torno das iniciativas, desejos e interesses das pessoas de diferentes modos e utilizando recursos múltiplos, como documentos, fotografias, projetos cooperativos, músicas, filmes, movimentos de ativismo social, político e religioso, fóruns com envio global de vídeos, áudios e textos. Os espaços sociais na internet tiveram uma multiplicação de conteúdo e dispararam em números para formar uma sociedade virtual diversificada e difusa. "Para centenas de milhões de usuários de internet com menos de 30 anos de idade, as comunidades on-line se tornaram uma dimensão fundamental da vida cotidiana [...]" (Castells, 2016, p. 22).

---

sons, hipertextos e figuras.

[8] "Um conjunto aparentemente bastante heterogêneo de fenômenos que ocorreram ou ganharam impulso a partir do final dos anos 80 — como a expansão das empresas transnacionais, a internacionalização do capital financeiro, a descentralização dos processos produtivos, a revolução da informática e das telecomunicações, o fim do socialismo de Estado na ex-URSS e no Leste Europeu, o enfraquecimento dos Estados nacionais, o crescimento da influência cultural norte-americana etc. —, mas que estariam desenhando todos uma efetiva 'sociedade mundial', ou seja, uma sociedade na qual os principais processos e acontecimentos históricos ocorrem e se desdobram em escala global" (Alvarez, 1999, p. 97).

Para compreender essas transformações tão complexas e, ao mesmo tempo, significativas da contemporaneidade, é preciso atentar para os elementos que formam nossa época e a distinguem das outras: o tempo e o espaço. Como ressalta Castells (2016), essas são as principais dimensões materiais da vida dos homens, e os momentos históricos de transformação social são caracterizados por mudanças dessas duas dimensões na experiência humana.

Em concordância, Santos (2013) afirma que nossa tarefa é aprender e definir o presente segundo a ótica da mudança desses elementos. O autor, partindo do entendimento de tempo como transcurso, a sucessão de eventos e sua trama; de espaço como o meio, o lugar material da possiblidade de eventos; e mundo como síntese, de eventos e lugares, afirma que as três categorias são realidades históricas que devem ser intelectualmente reconstruídas em termos de sistemas. "[...] o ponto de partida é a sociedade humana realizando-se. Essa realização dá-se sobre uma base material: o espaço e seu uso, o tempo e seu uso; a materialidade e suas diversas formas, as ações e suas diversas feições" (Santos, 2013, p. 39).

Conforme Santos, ao transformarmos o tempo em experiência vivida, tornando-o material, ele passou a ser assimilado pelo espaço. É a técnica a responsável pela empiricização do tempo. Pela primeira vez na história do homem, os sistemas técnicos se tornaram mundiais. As técnicas participam da produção da percepção do espaço e também da percepção do tempo.

1.1 ESPAÇO E TEMPO PÓS-REVOLUÇÃO TECNOLÓGICA

A noiva em um país. O noivo em outro. Os convidados, espalhados em várias localidades do mundo, cada um em sua casa. Todos conectados pela internet. Por meio de videoconferência, acompanham a declaração final do juiz de paz — que também está em seu escritório: "Pelos poderes a mim concedidos, eu vos declaro marido e mulher". Novamente, a cena pode parecer de ficção, mas não é. A empresa Proxi Marriage Now, na Carolina do Norte, EUA, atende casais em todo o mundo, realizando casamentos on-line[9].

A proximidade espacial, em muitos casos, deixou de ser obrigatória para o desempenho de muitas funções, compartilhamento de situações,

---
[9] Informações disponíveis em: https://falandotudo.com/casamentos-pela-internet-estao-em-alta/. Acesso em: 15 mar. 2024.

tomadas de decisão nos campos social, político e econômico. O que não faltam, nos meios de comunicação, são exemplos de situações cotidianas nas microrredes pessoais ou situações políticas e econômicas nas macrorredes globais que, há poucas décadas, não seriam possíveis sem a presença física em lugares determinados.

Situações como um pai acompanhar o parto de seu filho, por transmissão on-line, porque está fora da cidade no dia do nascimento;[10] ou um filho acompanhar o velório do pai, também pela internet, porque seu voo internacional não conseguirá chegar a tempo para que possa acompanhar a cerimônia de sepultamento;[11] até decisões financeiras estratégicas importantíssimas tomadas por empresários durante videoconferências realizadas por meio de ferramentas para troca de mensagens ao vivo, com múltiplos participantes, como o Skype e Hangout, executadas e comunicadas instantaneamente de seus computadores.

Já são comumente observadas situações como trabalho à distância, em home offices, ou seja, no escritório em casa, em cafés, hotéis, aeroportos, parques e espaços de coworking, principalmente pós-pandemia da Covid-19; as compras on-line em portais que hospedam lojas; assistir aos filmes e shows, entre outros entretenimentos, no conforto do lar; fazer cursos à distância na internet; acessar serviços públicos, governos, pagar contas no Internet Banking e assim por diante.

Essas práticas sociais proeminentes na atualidade não dependem mais da contiguidade, ou seja, de se estar próximo, vizinho, adjacente para que ocorram. Com a internet, o significado de espaço e tempo se transforma e os territórios e fronteiras ganham novas dimensões. Viver hoje em presença física e presença virtual de maneira híbrida só é possível pela existência de duas espacialidades: a dos espaços locais, físicos e geopolíticos — onde as pessoas constroem a sua identidade[12], produzem e reproduzem a expressão desta —, e do espaço intangível, possibilitado pela internet, onde ocorre uma densa e crescente circulação de tecnologia, informação, capital, interações

---

[10] Disponível em: http://www.otempo.com.br/interessa/comportamento/servi%C3%A7o-de-transmiss%-C3%A3o-ao-vivo-pela-internet-permite-a-familiares-acompanharem-nascimentos-de-beb%C3%AAs-1.697480. Acesso em: 15 mar. 2024.

[11] Veja reportagem "Velórios entram na era da internet com transmissões ao vivo". Disponível em: https://www.terra.com.br/noticias/tecnologia/internet/velorios-entram-na-era-da-internet-com-transmissoes-ao-vivo,7ff85295fb6ea310VgnCLD200000bbcceb0aRCRD.html. Acesso em: 15 mar. 2024.

[12] O autor entende por identidade "o processo pelo qual um ator social se reconhece e constrói significado principalmente com base em determinado atributo cultural ou conjunto de atributos, a ponto de excluir uma referência mais ampla a outras estruturas sociais" (Castells, 2016, p. 58).

e representações sociais, simbólicas e culturais, bem como serviços e bens de consumo. Essa segunda espacialidade é a base da sociedade em rede e foi denominada como espaço de fluxos (Castells, 2016).

Nesse caso, conforme Castells, o espaço é o suporte material de práticas sociais de tempo compartilhado, sendo que as práticas sociais são simultâneas ao tempo, mas independem de contiguidade física. E a sociedade está construída em torno de fluxos — expressão dos processos que dominam nossa vida econômica, política e simbólica (fluxos de capital, da informação, de tecnologia, de interação organizacional, de imagens, sons e símbolos).

Esse conceito pode ser melhor compreendido, segundo o autor, a partir de seu conteúdo. Esse espaço de fluxos pode ser descrito pela combinação de, pelo menos, três camadas de suportes materiais que, juntas, o compõem. A primeira, formada pelas redes eletrônicas de comunicação (tecnologia da informação, microeletrônica, telecomunicações, processamento computacional, sistemas de transmissão e transporte em alta velocidade). Esses equipamentos possibilitam, em nossa sociedade, a articulação espacial das funções dominantes na rede de interações. Nessa rede, nenhum lugar existe por si mesmo, porque as posições são definidas por intercâmbios de fluxos. A rede de comunicação é a configuração espacial fundamental: os lugares não desaparecem, mas sua lógica e seu significado são absorvidos na rede.

A segunda camada é formada pelas redes de comunicação ou nós — centros de importantes funções estratégicas e de comunicação. O espaço de fluxos, localizado em uma rede eletrônica, conecta lugares específicos com características sociais, culturais, físicas e funcionais bem definidas. Alguns desses lugares funcionam como intercambiadores, ou seja, centros de comunicação que coordenam a perfeita interação de todos os elementos integrados na rede. Ou melhor, "Outros lugares são os nós ou centros da rede, isto é, a localização de funções estrategicamente importantes que constroem uma série de atividades e organizações locais em torno de uma função chave" (Castells, 2016, p. 495).

Por fim, conforme Castells, as redes de poder, formadas pelas elites gerenciais dominantes em torno das quais esse espaço é articulado. A elite empresarial tecnocrática e financeira que ocupa as posições de liderança em nossas sociedades terá exigências espaciais específicas relativas ao suporte material/espacial de seus interesses e práticas.

Santos (2013) também considera o espaço não como simples materialidade, mas como o teatro obrigatório da ação. E é sobre o paradigma da globalização que ele busca a compreensão e a reconstituição do espaço geográfico. Ele chega à ideia de uma comunidade mundial, possível graças à unicidade das técnicas, que levou à unificação do espaço e tempo em termos globais. Segundo Santos, "o espaço é tornado único à medida que os lugares se globalizam. Cada lugar, não importa onde se encontre, revela o mundo (no que ele é, mas também no que ele não é), já que todos os lugares são suscetíveis de intercomunicação" (Santos, 2013, p. 40).

A união dos lugares foi possível, segundo o geógrafo, graças aos avanços técnicos que possibilitaram a convergência dos momentos. Ele ressalta que a história do homem foi, durante milênios, a história dos momentos divergentes, a soma de acontecimentos dispersos, disparatados e desconexos. Por outro lado, a história do homem contemporâneo é aquela em que os momentos convergiram, fazendo com que um acontecimento em qualquer lugar do planeta pudesse ser imediatamente comunicado a qualquer outro. A unificação do espaço em escala global tem como réplica a unificação do tempo, ambos sob o efeito do paradigma da tecnologia.

O acompanhamento em tempo real pela mídia e pelas novas tecnologias de comunicação dos ataques terroristas aos Estados Unidos em 11 de setembro de 2001 exemplifica a visão de convergência e a relação espaço e tempo. Além de testemunhar simultaneamente o acontecimento, cidadãos de todo o mundo puderam acompanhar em tempo real os desdobramentos do fato e suas consequências para a economia e política mundiais.

1.1.1 O atentado que mudou o mundo

Na manhã daquele dia, os prédios do World Trade Center, também conhecidos como Torres Gêmeas, em Nova Iorque, foram atingidos por dois Boeings 767 em um curto espaço de tempo. Menos de duas horas depois, ambos despencaram e se tornaram uma imensa cortina de poeira e fumaça que levaria dias para se dissipar. Mais tarde, outro avião atingiu o Pentágono, a sede do poder militar norte-americano. E um quarto avião que tinha como alvo o Congresso Americano caiu em zona rural.

Quase três mil pessoas morreram durante os ataques, incluindo os 227 civis e os 19 sequestradores a bordo dos aviões. A maioria das vítimas era de civis, incluindo cidadãos de mais de 70 países. Com efeito, o mundo inteiro passou a viver em um clima de medo e temor a novos ataques, e inúmeras questões sobre terrorismo, segurança, religião, entre outras, foram levantadas.

O impacto do fato ocorrido em 11 de setembro se estendeu para além da geopolítica e cultura norte-americana. Um filme de longa-metragem produzido pelo cineasta francês Alain Brigand, no ano seguinte à tragédia, intitulado 11'09"00, traz o ponto de vista de onze cineastas de onze países diferentes[13] revelando a repercussão em acontecimentos e interpretações desses diferentes povos. Cada um dos onze curtas é uma reflexão não apenas do atentado terrorista, mas também sobre as diferentes histórias reais ou ficcionais dos povos, retratados no filme, que foram impactados em tempo real.

No Irã, uma professora tenta explicar o ataque terrorista para um grupo de alunos do ensino primário. Um incidente global que pode dar início à 3ª Guerra Mundial e fazer com que os EUA joguem uma bomba atômica e mate a todos. Mas, em sua miséria e inocência, eles sequer sabem o que significa uma "torre". Naturalmente, tem início uma discussão de fundo teológico entre as crianças, que tentam entender se é Deus quem mata e por que ele mata as pessoas. Com temática teológica e política, o episódio mostra a repercussão do ataque ao centro do capitalismo numa província paupérrima na extremidade do mundo.

Do Egito, a história traz um diálogo surreal entre um cineasta egípcio famoso, o espírito de um fuzileiro naval norte-americano, morto num atentado de 1983 em Beirute, e um homem-bomba palestino. O diretor de cinema explica ao fuzileiro naval o porquê dos atentados contra alvos americanos. Enumera as operações dos EUA e suas vítimas em várias partes do mundo. Leva o marinheiro à casa de um kamikaze palestino, onde assistem à preparação deste para um ataque à bomba. O fantasma pergunta por que atacam civis. O diretor responde que EUA e Israel são países democráticos e os cidadãos não são inocentes: são responsáveis pelos governos que elegem. O episódio tem o intuito de mostrar as diferentes verdades e visões dos povos envolvidos na questão bem como sua relação com a crise na Palestina.

Da Bósnia-Herzegovina, busca-se um paralelo das famílias destruídas no atentado de 11 de setembro com a história das mulheres que perderam maridos e filhos no sangrento conflito entre sérvios e bósnios. O dia 11 de julho de 1995 também ficou marcado para os bósnios como o dia do mas-

---

[13] Participaram da produção do longa-metragem os países: Irã (Samira Makhamalbaf), França (Claude Lelouch), Egito (Youssef Chahine), Bósnia (Danis Tanovic), Burkina Faso (Idrissa Ouedraogo), Reino Unido (Ken Loach), México (Alejandro González Iñárritu), Israel (Amos Gitai), Índia (Mira Nair), EUA (Sean Penn) e Japão (Shohei Imamura).

sacre, e o curta conta a história das mulheres que relembram as mortes de seus entes queridos, fazendo um protesto em praça pública, mensalmente, nessa mesma data. Nem mesmo o atentado terrorista aos EUA interrompeu a manifestação de luto das mulheres.

Do Reino Unido/Chile, narra-se, com muitas imagens de arquivo, outra tragédia que ocorreu em um 11 de setembro, mas em 1973. O sangrento golpe militar de Augusto Pinochet, financiado pelos Estados Unidos, que culminou no assassinato de Salvador Allende e de pelo menos 30 mil civis, nos anos que se seguiram, pelo regime militar. O episódio põe em cena um exilado chileno na Inglaterra que recorda a triste data enquanto escreve uma carta ao povo norte-americano explicando os fatos ocorridos na mesma data, mas separados por exatos 29 anos. Enquanto os aviões comerciais se chocam contra o WTC, aviões militares bombardeiam a capital do Chile. O exilado chileno relata sua profunda dor porque, embora vivo, não poderá regressar jamais ao seu país de origem.

Do México, o curta traz uma tela escura interrompida por frames rápidos de imagens das pessoas se jogando das janelas dos edifícios do World Trade Center. Enquanto a tela fica sem imagens, o áudio traz a voz de vítimas do sequestro dos aviões que tentaram se despedir de seus familiares e de sobreviventes, em ligações telefônicas angustiantes. Nesse caso, o episódio dá destaque ao sentimento de impotência porque todos sabem o que está acontecendo, mas, como as personagens e milhões de pessoas no mundo, não podem fazer nada.

Na Índia, narra-se a história de Mohammed Salman Hamdani, paquistanês radicado nos EUA, que morreu entre os escombros. Primeiro foi identificado como terrorista, a família sofre represálias em sua própria vizinhança, só depois acaba reconhecido como herói que salvou diversas pessoas no local. O episódio expõe a discriminação das minorias étnicas na sociedade norte-americana que estão sempre sob suspeição e podem ser acusadas de crimes só por terem outra cultura, religião, ou visão de mundo.

Nos Estados Unidos, a história é poética, mas não deixa de ser crítica. Um viúvo, que não aceita a morte da esposa, assiste à nova mudança em sua vida quando os edifícios caem à frente de sua janela. Vivendo em um apartamento escuro, sem iluminação natural suficiente, na manhã de 11 de setembro, ele acorda com o sol banhando seu rosto. Na televisão, o ataque ao WTC, mas ele não percebe o que está acontecendo, só tem olhos para as flores, plantadas por sua mulher, que estavam mortas e, milagrosamente, ganharam vida. O episódio traz uma reflexão sobre a solidão na sociedade atual e uma crítica aos EUA, que, de certa forma, deixam os demais países à sua sombra, como a provocada pelas duas torres no apartamento do viúvo.

Da França, a história contada é de uma fotógrafa surda-muda que termina seu namoro com um guia turístico na mesma manhã dos atentados. Ele sai para se encontrar com um grupo de turistas surdos-mudos próximo ao World Trade Center e ela resolve escrever uma carta de despedida. Enquanto escreve a carta na mesa da sala, em outro cômodo da casa, sem que ela possa ver, a televisão exibe as imagens do ataque às Torres Gêmeas. Somente quando ele retorna todo coberto de poeira dos escombros dos prédios que ela saberá do ocorrido. A angústia silenciosa que ambienta o episódio pode ser interpretada como a mesma a que são submetidos países e pessoas que se posicionam contrariamente às diferentes formas de terrorismo, mas não são ouvidos.

Em Burkina Faso, no oeste da África, Adama, um garoto que abandona a escola para trabalhar como gazeteiro e conseguir dinheiro para comprar remédios para sua mãe doente, acredita ter visto Osama Bin Laden perambulando pela capital, Ouagadougou, ao comparar um homem na rua com a foto do líder da rede Al Qaeda estampada na capa do jornal que estava vendendo. Adama procura quatro colegas da escola e tenta convencê-los de que viu Bin Laden. Inicialmente, eles não acreditam, mas quando Adama menciona o pagamento de 25 milhões de dólares pela captura do acusado de tramar o atentado, resolvem ajudá-lo porque a recompensa poderia ser usada para curar a mãe do garoto e tantos outros doentes e necessitados do país. Um dos amigos pega uma filmadora antiga de seu pai, tecnologia de fácil manuseio, e eles passam a registrar as ações do suposto Bin Laden pela cidade.

Quando resolvem prendê-lo, se armam com cordas, lanças e revólver e fazem tocaia no local em que o suspeito costumava fazer suas orações. Quando percebem que ele não vai aparecer, resolvem ir ao hotel onde o homem está hospedado. Mas quando chegam, o suposto Bin Laden tinha acabado de pegar um táxi para o aeroporto. Eles correm até o aeroporto, mas são barrados pelo guarda. Contam para o policial sobre a presença de Bin Laden na cidade, mas são desacreditados. Então, apresentam a fita cassete, mas o guarda despreza a prova e a lança ao longe, mandando-os embora. Os meninos acompanham a decolagem do avião e dão adeus à recompensa.

O curta, além de abordar a situação da África e o significado de Osama Bin Laden no atentado de 11 de setembro, leva à reflexão sobre o poder do fluxo da informação, do uso da tecnologia e dos centros estratégicos de comunicação pelas elites gerenciais, espaços que não podem ser acessados por grupos que estão fora das estruturas sociais dominantes (Castells, 2016). Embora a informação alcance a todos e seja absorvida de acordo com os diferentes contextos, mesmo se apropriando das ferramentas tecnológicas para a produção da informação, como fizeram os garotos, recorrendo a uma câmera — ainda que de baixo custo — para filmar Bin Laden, não conseguiram se fazer ouvir nem mesmo pelo segurança do aeroporto. Como nos lembra Santos (2013), o fato e o tempo só têm sentido se ganham repercussão; senão, mantém-se o sistema hegemônico.

Em Israel, uma repórter televisiva que faz a cobertura do resgate de vítimas em um atentado à bomba, não entende por que não entra no ar. O episódio mostra a movimentação de policiais, médicos e da imprensa depois do atentado que ocorreu momentos antes dos ataques terroristas aos EUA. A jornalista se irrita ao perceber que foi retirada do ar. Os colegas da emissora tentam explicar o que houve em Nova Iorque, mas ela não consegue ouvir nem compreender o que está acontecendo em meio ao tumulto. Com muito custo, ela vai se dando conta e narrando, ao mesmo tempo, os acontecimentos também ocorridos com os norte-americanos. O episódio traz à tona a pressão midiática sobre os fatos. Nesse caso, o fato só tem importância se é mundializado. Quanto mais abrangente, maior é o seu efeito. Isso abarca o significado de rede que sobrepõe o ser/local/subjetividade (Castells, 2016).

No Japão, o episódio conta a história de um soldado japonês que, após o final da II Guerra Mundial, começa a se comportar e a se rastejar como uma serpente. Embora a narrativa tenha inspiração no mundo fantástico, pela transformação da personagem — que prefere ser uma cobra do que um homem — e suas memórias da guerra, o recado dado pelo diretor é que "nenhuma guerra é santa", as consequências serão sempre traumáticas e dolorosas.

O curta remete, de certa forma, à ação das tropas norte-americanas na guerra do Vietnã. Os soldados norte-americanos utilizaram bombas incendiárias e armas químicas para destruir plantações e florestas usadas como esconderijo pelos vietcongues. Os orientais foram reduzidos a répteis e, muitas vezes, obrigados a fugir rastejando dos ataques antes de serem mortos. Foram dizimados por 6,7 milhões de toneladas de bombas lançadas pelos EUA sobre o país. Tais acontecimentos, à sua época, não tiveram nenhuma repercussão, nem tampouco a estimativa de ao menos 1,1 milhão[14] de vietnamitas mortos no conflito, número muito superior e praticamente incomparável ao de vítimas do ataque às Torres Gêmeas em Nova Iorque. Novamente, pode-se perceber o tempo e o espaço hegemônicos, da ação e do lugar de troca dos atores hegemônicos no processo de globalização (Santos, 2013).

Os episódios são amarrados por uma animação do globo terrestre indicando sempre Nova Iorque como o centro do grande acontecimento, e, paralelamente, o país onde cada versão da história será contada. Com isso, mais uma vez, volta-se os olhos do mundo para o espaço hegemônico, o centro do poder, enquanto, por exemplo, no Chile, a destruição total de uma ideologia, de um sistema político e do equilíbrio econômico do país não é lembrada mundialmente, somente por alguns chilenos, ou seja, não tem espaço no fluxo das informações globalizadas. O mesmo acontece com as histórias usadas como pano de fundo nos episódios do Japão e da Bósnia-Herzegovina, acontecimentos graves e de grande importância para os respectivos países, mas que são negligenciados no espaço e tempo hegemônicos, devido aos interesses dos atores dominantes.

A informação midiática em tempo real em todo o globo oferece instantaneidade temporal sem precedentes aos acontecimentos sociais e expressões culturais. As localidades ficam despojadas de seu sentido geográfico, uma vez que são subtraídas pelo espaço de fluxos, e é como se o tempo cronológico fosse apagado no novo sistema de comunicação, "já que passado, presente e futuro podem ser programados para interagir entre si na mesma mensagem" (Castells, 2016, p. 458). As sociedades contemporâneas ainda estão em grande parte dominadas pelo conceito de tempo cronológico, mas esse tempo linear, irreversível, mensurável e previsível está sendo fragmentado na sociedade em rede.

A transformação atual da temporalidade, em que os tempos estão sendo misturados para criar um universo eterno, que não se expande sozinho, aleatório, incursor, que o autor chama de tempo intemporal, seria a forma dominante emergente do tempo social da sociedade em rede. O tempo intemporal ocorre "quando as características de um dado contexto, ou seja, o paradigma informacional e a sociedade em rede, causam confusão sistêmica na ordem sequencial dos fenômenos sucedidos naquele contexto"

---

[14] Disponível em: http://www.bbc.com/portuguese/noticias/2015/04/150430_vietna_guerra_fatos_pai. Acesso em: 15 mar. 2024.

(Castells, 2016, p. 543). Essa confusão pode resultar na compreensão dos fenômenos como instantâneos ou introduzir uma descontinuidade aleatória na sequência que pode gerar a ideia de eternidade.

O poder do fluxo possibilita, segundo Castells, que as transações de capital sejam realizadas em fração de segundos e movimentem hoje um volume fenomenal de trânsitos financeiros. O mesmo capital pode ser deslocado de um lado para o outro entre as economias globais em questão de horas, minutos ou segundos por meio de poderosos programas computacionais e habilidosos especialistas/analistas financeiros.

No mundo empresarial, na sociedade contemporânea, as organizações flexibilizaram a jornada de trabalho e passaram a demandar mão de obra qualificada para gerenciar seu próprio tempo de trabalho, algumas vezes acrescentando mais horas à jornada, outras adaptando-se a cronogramas flexíveis ou ainda reduzindo horas de trabalho e, consequentemente, o salário, desenhando assim características próprias. Ou seja, "o tempo é gerenciado como um recurso, não da maneira cronológica linear da produção em massa, mas como um fator diferencial em relação à temporalidade de outras empresas, redes, processo ou produtos" (Castells, 2016, p. 520).

No que se refere ao sistema de saúde, observa-se o prolongamento da perspectiva de vida, superação das doenças, controle de nascimentos, redução de óbitos, e a construção do ciclo vital tendo como base determinadas categorias sociais como educação, tempo de serviço, padrões de carreiras e direito à aposentaria. A velhice, que no passado era considerada o último estágio homogêneo da vida, é agora um universo diversificado; melhor dito, com o aumento de expectativa de vida devido a uma complexidade de fenômenos que inclui a indústria farmacêutica, o grupo de aposentados passa a ser composto por uma diversidade de personagens, a título de exemplo, jovens com capacidade produtiva, idosos capazes e outros com vários graus de limitação. Isso resulta nos questionamentos sobre as alternativas apresentadas para explicar esse novo cenário, nas palavras de Castells: "agora os avanços organizacionais, tecnológicos e culturais característicos da nova sociedade emergente estão abalando definitivamente esse ciclo de vida regular sem substituí-lo por uma sequência alternativa" (Castells, 2016, p. 528).

Essas questões mobilizam estudos sobre a revolução biológica e avanços de investigação médica. A tendência predominante nas sociedades, como expressão da nossa ambição tecnológica, afirma o autor, é apagar a morte da vida ou torná-la inexpressiva pela sua repetição na mídia. Ao separar a morte da vida e criar um sistema tecnológico para fazer com que essa crença dure o suficiente, constrói-se a eternidade durante nossa existência.

O advento da tecnologia nuclear e a possiblidade do holocausto planetário tiveram o efeito de cancelar os conflitos globais entre as grandes potências. Avanços da tecnologia militar nas últimas décadas propiciaram ferramentas para que as guerras se tornem mais curtas, instantâneas, limpas, cirúrgicas e secretas. Mas tais ferramentas, adverte o autor, são privilégio de nações tecnologicamente dominantes, em contraste com os numerosos conflitos internos e internacionais que ainda ocorrem no mundo, por anos seguidos, muitas vezes praticados com meios primitivos, embora a venda de armamento tecnológico já esteja no mercado.

É notório que na sociedade contemporânea o sistema de comunicação tem o poder de influir nas experiências subjetivas dos sujeitos por meio de mensagens e imagens sedutoras, abrangentes e atraentes que são incorporadas em seu cotidiano alterando a sua realidade. Ao mesmo tempo, ressalta Castells, elas têm um caráter diversificado para todos os gostos, maleáveis — podendo ser adaptadas aos meios sociais — e complexas, mesclando o presente, o passado e o futuro e confundindo o real com o simbólico.

Essa cultura da virtualidade real, associada a um sistema multimídia eletronicamente integrado, contribui para a transformação do tempo em duas formas: simultaneidade e intemporalidade, conforme Castells. Além da instantaneidade temporal, como exemplificada anteriormente com o episódio terrorista nos EUA em 11 de setembro de 2001, com a informação em tempo real em todo o globo, há também a quebra da barreira temporal na comunicação mediada por computadores. Isso porque se torna possível que as partes envolvidas na comunicação deixem passar alguns segundos ou minutos para trazer outras informações e expandir a comunicação, diferentemente do telefone, por exemplo, que não foi adaptado a longos silêncios.

Mas a tentativa de aniquilar o tempo está presente também no nosso cotidiano, quando tentamos fazer mais coisas em menos tempo ou estar presentes em todos os lugares usando a tecnologia. A utilização de transportes rápidos, telefonemas ou mensagens durante o deslocamento e a realização simultânea de múltiplas tarefas por meio da tecnologia mostram a busca pelo tempo intemporal, prática cujo objetivo é "negar a sequência para nos instalar na simultaneidade perene e na ubiquidade simultânea" (Castells, 2016, p. 33).

Por outro lado, a ideia de intemporalidade não se trata da única forma de tempo da contemporaneidade. Ela coexiste com o tempo biológico e com o tempo do relógio. Esclarecendo, as sociedades são compostas por diferentes formas resultantes de várias camadas de organização social. O tempo intemporal, para Castells, pertence ao espaço de fluxos, "ao passo que a disciplina tempo, o tempo biológico e a sequência socialmente determinada caracterizam os lugares em todo o mundo, estruturando e desestruturando materialmente nossas sociedades segmentadas" (Castells, 2016, p. 544).

Por fim, as principais características da sociedade contemporânea — tempo e espaço — são fundamentais também na construção das identidades culturais. É pela compressão de distâncias e de escalas temporais "que se sente que o mundo é menor e as distâncias mais curtas, que os eventos em um determinado lugar têm impacto imediato sobre as pessoas e lugares situados a uma grande distância" (Hall, 2015, p. 40). Temporalidade e espacialidade estão entre os muitos aspectos que influenciaram a mudança de entendimento do sujeito ao longo da história e que continuam a provocar transformações no momento atual, como veremos no próximo tópico.

1.2 IDENTIDADE DO SUJEITO NA ERA DIGITAL

As mudanças na forma da organização social na contemporaneidade, de maneira particular as transformações sociais, tecnológicas, econômicas e culturais e o uso crescente da internet em todos os campos da vida social, como dito anteriormente, permitiram a formação de comunidades virtuais, formadas por grupos humanos reunidos on-line por interesses comuns. Essa readaptação social, de certa forma, possibilitou imaginar um sistema de crédito social, como o anunciado pela China — exposto no início deste capítulo — para definir valores e identidades, a partir do comportamento dos integrantes dessas comunidades na internet.

Para o sociólogo Stuart Hall, "as velhas identidades, que por tanto tempo estabilizaram o mundo social, estão em declínio na atualidade, fazendo surgir novas identidades e fragmentando o indivíduo moderno, até aqui visto como um sujeito unificado" (Hall, 2015, p. 8). O processo de globalização está deslocando os quadros de referência que ancoravam os sujeitos ao mundo social e gerando uma crise de identidade ao fragmentar classe, gênero, sexualidade, etnia, raça e nacionalidade, paisagens culturais que, no passado, forneciam sólidas localizações aos indivíduos sociais. As transformações, segundo ele, estão abalando até mesmo a ideia que temos de nós mesmos como sujeitos integrados. A perda de um sentido de si estável é chamada, conforme o autor, de deslocamento ou descentração do sujeito. "Esse duplo deslocamento — descentração dos indivíduos tanto de seu lugar no mundo social e cultural quanto de si mesmos — constitui uma 'crise de identidade' para o indivíduo" (Hall, 2015, p. 10).

Aproximando-se dos pensamentos de Hall, o sociólogo francês Michel Maffesoli (2005) afirma que a identidade não se ampara mais na "ideia fundadora" e generalizada, não é mais única e imutável, com base em um só posicionamento cultural. Na interpretação do autor, passa a ser fragmentada, hedonista e em contexto coletivo. Maffesoli usa o termo "representações separadas" para se referir às múltiplas identificações que uma pessoa alterna em seu cotidiano. Assim, no contexto contemporâneo, observa-se facilmente a fragilidade da noção de identidade como padrão de personalidade e comportamento único e estável. "O eu é apenas uma ilusão ou, antes, uma busca um pouco iniciática; não é nunca dado, definitivamente, mas conta-se progressivamente, sem que haja, para ser exato, unidade de suas diversas expressões" (Maffesoli, 1996, p. 303).

A justificativa dessas transformações, para Hall, está no efeito pluralizante da globalização sobre as identidades, produzindo uma variedade de possiblidades e novas posições de identificação, "tornando as identidades mais posicionais, mais políticas, mais plurais e diversas, menos fixas, unificadas ou trans-históricas" (Hall, 2015, p. 51), como ocorria em outros períodos da história. Ancorado nessa concepção, o autor afirma que a identidade está suspensa, em transição, entre diferentes posições. É formada e transformada por complicados cruzamentos e misturas culturais do mundo globalizado, e torna-se uma "celebração móvel".

O modo de vida do indivíduo e os avanços tecnológicos também colocam a identidade em xeque. Para Hall, quando nos deparamos com múltiplos sistemas de representação cultural, somos confrontados por uma "multiplicidade desconcertante e cambiante de identidades possíveis, com cada uma das quais poderíamos nos identificar — ao menos temporariamente" (Hall, 2015, p. 12). As transformações identitárias são influenciadas pela tensão entre o local e o global, ou melhor, os fluxos culturais entre as nações e o consumismo global criam possibilidades de "identidades partilhadas" entre pessoas que estão distantes umas das outras, no espaço e tempo. A globalização estimula, então, conforme Hall, consumidores para os mesmos bens, clientes para os mesmos serviços e públicos para as mesmas mensagens.

Na medida em que a vida social se torna mais mediada pelo mercado global, de estilo, lugares e imagens, mídias, comunicação global, viagens internacionais, as identidades se tornam mais desvinculadas de tempos, lugares, histórias e tradições, flutuando livremente e nos confrontando com uma gama de identidades, que fazem apelos a diferentes partes de nós, que percebem a possibilidade de fazer uma escolha (Hall, 2015).

Sendo assim, pode-se dizer que o sujeito pós-moderno, que avança na era digital, é aquele que consome, assimila e se apropria de diferentes culturas, serviços e produtos, e identidades. É capaz de realizar ações e ser influenciado por elas em tempo real num espaço sem fronteiras, devido à conexão mundial via redes virtuais. Pode, ao mesmo tempo, resgatar ou desarticular as identidades estáveis do passado, bem como criar novas identidades; e pode escolher, a cada novo instante da sua vida cotidiana, um determinado papel diante de tantos que cabe a ele desempenhar socialmente. É sobre esse sujeito e sua relação com o consumo que iremos tratar no próximo tópico.

1.2.1 Consumo como fator identitário

A identidade está no cerne das questões sobre consumismo moderno. Seria justamente em resposta à "crise de identidade" que o homem contemporâneo ou pós-moderno teria se lançado na cultura do consumo para afirmar, confirmar ou até mesmo construir suas mutáveis identidades e estilos de vida. Dois aspectos se destacam como sendo cruciais ao consumismo moderno: o desejo e o individualismo, segundo o sociólogo Colin Campbell (2006).

A ligação fundamental entre os dois "é o simples fato de que o consumismo moderno está, por sua própria natureza, mais preocupado em saciar vontades do que em satisfazer necessidades" (Campbell, 2006, p. 49). Assim, o ato de consumir está mais ligado a sentimentos e emoções (na forma de desejo) do que ao calculismo e à razão porque, em sua natureza, é mais individualista do que público.

Após a observação de anúncios de classificados de jornais e revistas de pessoas que buscavam parceiros para relacionamentos, o sociólogo verificou que a maneira como os anunciantes apresentavam as identidades ao público e aos potenciais interessados, quase sempre, especificavam, na verdade, seus gostos. Nos exemplos analisados por ele, os itens mais comumente especificados, com destaque, pelos autores dos anúncios, foram seus gostos em termos de música, literatura, artes, comidas e bebidas, e do que gostam de fazer.

Sendo assim, quando se tratava da questão crucial da identidade real, efetivamente somos definidos por nossos desejos, ou por nossas preferências. "É aí que percebemos que nossa exclusividade como indivíduos — nossa individualidade — realmente existe" (Campbell, 2006, p. 52). O autor sugere que o verdadeiro local onde reside a identidade está nas reações do sujeito ao produto, e não nos produtos em si, ou seja, na observação do que gosta e do que não gosta é que começamos a descobrir quem somos.

Mas ressalta que essa maneira de olhar para a própria identidade é recente. Levando-se em conta o tempo histórico, é tudo muito novo. Acredita ser pouquíssimo provável que nossos avós, ou pais pensassem dessa maneira. "Para eles, antes de tudo, a identidade estava muito mais relacionada ao status e à posição que ocupava em várias instituições e associações, como a família, trabalho, religião, raça, etnia e nacionalidade" (Campbell, 2006, p. 53), sendo essas características mais importantes do que o gosto pessoal. Em consequência, enfatizavam em suas autodefinições seus status de fazendeiro, pescador, pai, católico, inglês etc.; e não o gosto por música, vinho, literatura, entre outros.

A questão central para Campbell (2006) é que o consumismo moderno incorpora uma teoria sobre a identidade pessoal, com uma epistemologia individualista. Ele pondera ainda que mesmo com as mudanças de gostos e preferências, característica do homem contemporâneo — cuja identidade não é fixa, e sim cambiante e temporária —, o consumo mantém seu apelo quando o foco é a necessidade humana mais profunda de reafirmar a realidade do self. Sendo assim, "o consumo pode nos confortar por nos fazer saber que somos seres autênticos — isto é, que realmente existimos (Campbell, 2006, p. 56). Com isso, o slogan "compro, logo existo", inspirado na famosa frase de Descartes ("penso, logo existo"), ganha sentido literal. Enquanto o que a pessoa deseja (e também não gosta) ajuda a dizer quem ela é, o fato de desejar intensamente algo ajuda a se convencer de que realmente existe.

O autor ressalta que vivemos em uma cultura em que a realidade é equiparada à intensidade da experiência. A segurança da autenticidade da nossa existência, por meio da exposição à experiência do consumo, depende diretamente da intensidade da nossa reação emocional, ou seja, "quanto mais forte for a reação experimentada, mais 'real' será considerado o objeto ou o evento que o produziu. Ao mesmo tempo, quanto mais intensa for nossa reação, mais 'reais' — ou verdadeiros — nos sentiremos naquele momento" (Campbell, 2006, p. 57). Assim, conclui-se que é por meio da intensidade do sentimento que os indivíduos adquirem a confiança para superar sua angustiada existência e se convencerem de que estão de fato vivos.

Mas, ainda devido às mudanças de gostos e preferências dos indivíduos contemporâneos e, consequentemente, da identidade, ele explica que a exposição às experiências de consumo — que produzem nossas reações emocionais — não será única, porque é psicológica e precisa ser satisfeita repetidas vezes. A exposição repetida aos mesmos produtos e serviços pode nos levar ao tédio, visto como uma ameaça porque destrói aos poucos o senso de identidade.

Por isso, destaca a necessidade constante de estímulos novos, que produzam em nós forte reação; e ressalta "a importância da moda — como mecanismo de introdução regular e controlada de 'novos' produtos — assim como o fato de os consumidores ficarem mesmo tentados a fazer, regularmente, mudanças significativas em suas 'identidades'" (Campbell, 2006, p. 58). Para o autor, o consumismo moderno implica também a crença no poder dos sentimentos.

Nesse contexto, certo é que o consumo é permeado pelos meios de comunicação em rede, que implicam necessariamente a interação entre o emissor e o receptor com habilidade e capacidade de interferir nos processos socioculturais, nos modos de vida, na visão de mundo, na localização dos sujeitos no cenário contemporâneo, na nova forma de estruturação da sociedade em rede, no consumo, sobretudo midiático, e põem em questão: o sujeito contemporâneo, tal como apresenta Hall, consome a tecnologia ou é consumido por ela?

Como observamos até aqui, mudanças e/ou transformações são elementos decisivos da sociedade contemporânea, especialmente após a revolução tecnológica que invadiu todos os aspectos da vida humana, em todos os lugares, e mudou o modo de pensar e viver das pessoas. Essas transformações continuam em processo, tornando os tempos incertos e complexos, e devem continuar sendo o motor das mudanças que ainda estão por vir.

Assim como o sistema de crédito social adotado pela China, projetado para monitorar e avaliar o comportamento de indivíduos e empresas e atribuir-lhes pontuações com base em suas ações e comportamentos na internet, e que tem causado controvérsias, o uso das redes sociais tem os seus defensores, que ressaltam os inúmeros pontos positivos de seu uso (como a agilidade da comunicação, a ubiquidade, a quebra da barreira espaço-tempo, entre outros), e também os críticos, que apontam os pontos negativos que foram surgindo com o seu uso. Para encerrar este capítulo, vamos olhar um pouco mais para nossa sociedade, agora usando as lentes do ilustrador e animador inglês Steve Cutts.

Ele é o responsável pela animação do videoclipe da música "Are you lost in the word like me?" (Você está perdido no mundo como eu?), do cantor americano, DJ e músico Moby, lançado em outubro de 2016[15]. No roteiro da animação, inspirado por desenhos de Max Fleischer, criados em 1930, Cutts faz duras críticas à sociedade contemporânea, ou como definida por Castells (2016), a sociedade em rede.

1.3 UM CENÁRIO PERTURBADOR

Partindo do olhar assustado de um garoto em meio à multidão, as imagens da animação vão revelando, em um movimento que simula o afastamento vertical de uma câmera, um emaranhado de pessoas circulando em várias direções enquanto o garoto vai sumindo dentro de um formigueiro humano. O afastamento vertical continua e a multidão cede lugar a um emaranhado de prédios, depois à circunscrição do bairro, da cidade, do estado, do planeta com satélites em sua órbita, do universo, que, aos poucos, reflete-se dentro da íris dos olhos do garoto, ainda assustado e perplexo em meio à multidão.

Nesse momento, com mais exatidão, é possível perceber que todas as pessoas que circulam pelo espaço estão concentradas em seus celulares. As imagens são brevemente interrompidas por palavras que formam a frase: "these — systems — are — failing" (esses sistemas estão falhando). A cena seguinte mostra uma fila de pessoas caminhando em uma calçada, todas concentradas em seus celulares, e — uma após a outra — vão caindo em um bueiro sem tampa, enquanto o trabalhador que deveria estar fazendo os reparos no local está sentado em uma cadeira também distraído com seu celular.

---

[15] Notícia disponível em: http://monkeybuzz.com.br/noticias/21363/moby--the-void-pacific-choir-mostra-clipe-para-are-you-lost-in-the-world-like-me/. Acesso em: 25 mar. 2024.

Em outra calçada, o garoto está sentado cabisbaixo, sob as sombras das pessoas que passam, todas hipnotizadas por seus celulares. Em seguida, ele está caminhando, inicialmente despreocupado, mas, de repente, começa a correr assustado. Outra cena: três policiais imobilizam e agridem com seus cassetetes um cidadão, enquanto um grupo ao redor filma a cena usando os seus celulares. Uma família — pai, mãe, dois adolescentes e um bebê — está numa rede fast-food comendo lanches, mas todos, sem exceção, de olho na tela de seus celulares. Na sequência, um prédio em chamas, cercado por carros de bombeiros, enquanto uma jovem usa o cenário do incêndio, com pessoas pulando do prédio para se livrar das chamas, para tirar uma selfie com seu celular. Outro episódio é em um ônibus lotado, todos olham para seus celulares enquanto o garoto, de pé, no corredor do coletivo, observa as pessoas. Alguém se afasta em direção a ele e, para não ser pisoteado, o garoto dá um passo para trás e esbarra nas pernas de um homem grande, tatuado e com correntes no pescoço, que, aos olhos do garoto, se transforma num monstro furioso. O pequeno corre assustado para a frente e esbarra em uma mulher, que também se transforma em um mostro raivoso. Na sequência, um homem e uma mulher enviam emojis[16] de seus celulares. O garoto aparece novamente correndo perdido em meio à multidão.

No metrô, um homem grandalhão, com uma lata de bebida na mão, intimida uma passageira que está sentada no banco ao lado de outros passageiros, que também estão concentrados em seus celulares. O menino dá um salto e acerta um soco no rosto do grandalhão, arrancando-lhe um dente e o deixando inconsciente, e, em seguida, é aplaudido por todos os passageiros e recebe um olhar carinhoso da vítima. A gradativa redução das imagens em um balão de pensamento revela que tudo não passa de um desejo na cabeça do garoto. Na verdade, o grandalhão faz a passageira sair correndo de medo e o garoto fica triste diante da sua impotência.

No próximo quadro, uma moça com o rosto triste e cansado está em um quarto sujo e desarrumado segurando seu celular para uma selfie. Mas, na tela do celular, o quarto aparece todo arrumado e bonito. O mesmo acontece com a jovem ao entrar no foco da lente do aparelho: ela se transforma numa bela moça, faz uma pose mandando um beijo, e quando sai do foco, volta a ser a mesma pessoa cansada e triste. O garoto está sentado

---

[16] Também chamados de emoticons ou smiley, são símbolos — carinhas, sinais, letras, ideogramas e outros ícones, muito usados nas redes sociais em apoio às narrativas e diálogos.

novamente na calçada, cabisbaixo, quando é abordado por um cãozinho esperto e brincalhão. Mas uma pessoa vem, chuta o cãozinho para longe e vai embora.

Na sucessão de cenas, pessoas presas em celas de uma prisão, que, na verdade, são as telas de seus smartphones; frequentadores de um restaurante fotografam os pratos com filés de seus aparelhos celulares e são observados por vacas, porcos e ovelhas, em um caminhão rumo ao abate, durante uma breve parada do veículo ao lado do restaurante. Em um lixão, formado por aparelhos eletrônicos que foram descartados, um grupo de pessoas está à caça de um pokémon com seus celulares.

O garoto volta à cena e observa a janela de um bar, onde se vê uma moça sentada à mesa com um rapaz que não para de falar. Logo, ela fica entediada e, como se procurasse alguém mais interessante em um aplicativo de relacionamentos no seu celular, passa o dedo sobre o rosto do acompanhante — como em uma tela touch screen, descartando sua presença e dando sequência a imagens de vários outros rapazes, até encontrar um novo par ideal. O escolhido assume o lugar do que foi descartado e o casal faz um brinde.

O garoto tenta falar com várias pessoas que encontra no seu caminho, mas todos estão usando seus aparelhos celulares. Ninguém lhe dá atenção, apesar de seus apelos puxando a camisa de um deles, derrubando o boné de outro, subindo na mesa de um casal, abanando os braços e puxando o celular das mãos de um rapaz.

Na cena seguinte, uma moça dança de forma desengonçada e é filmada por um grupo de outros jovens. A imagem vai se afastando e revela a tela de um tablet, onde o vídeo é exibido em uma rede social chamada "TellyTube" e já obteve 25.869.251 visualizações. O título do vídeo na plataforma é: "OMG!!! Girl dances badly at party! Fail Alert!" (OMG!!! Garota dança mal em festa! Alerta de falha! — em tradução livre). A imagem se afasta um pouco mais e mostra várias pessoas assistindo ao vídeo em seus dispositivos móveis e dando muitas risadas. Em seguida, a garota do vídeo passa constrangida em meio à multidão, que ri, aponta o dedo para ela, fotografa e debocha.

O garoto está sentado em uma escada pensativo enquanto, ao fundo, a multidão avança desenfreada e hipnotizada pelas luzes de seus celulares. Em uma espécie de templo, centenas de pessoas estão ajoelhadas aos pés de um altar com degraus, sobre o qual vai se revelando das sombras e, por fim, ao cair do manto uma mulher com implantes exagerados de silicone nas nádegas, nos seios e nos lábios. No seu rosto, várias seringas estão dependuradas. Ela recebe mais uma grande dose de silicone nas nádegas, aplicadas por dois homens e, ao lado, duas outras próteses gigantes aguardam em um carrinho de mão conduzido por outro homem.

Na sequência, em uma televisão, a imagem de Cinderela e seu príncipe, na sacada do palácio, cada um de um lado, olhando para as telas de seus respectivos celulares. Uma mulher na maca do hospital se abraça ao marido para uma selfie, sendo observados pelo médico e pela enfermeira, enquanto o bebê engatinha sozinho pelo chão.

E no alto de um prédio, no parapeito, a garota que virou piada nas redes sociais pela forma desajeitada de dançar, com o rosto borrado pelas lágrimas, observa o grupo de pessoas na rua. Lá embaixo, as mãos dos observadores erguem seus celulares para filmar a queda da garota. Ela mergulha em direção aos carros e às pessoas. Tudo fica branco. A plateia filma a queda e, ao final, fotografa o desfecho trágico usando os flashes das câmaras. Todos saem e o menino, atônito, permanece imóvel. Uma lágrima cai de seus olhos. O sol surge, e, numa tomada geral, a multidão continua caminhando agora rumo a um penhasco, onde as pessoas vão caindo, mas ainda hipnotizadas por seus celulares.

As cenas da animação são contundentes ao expor a dependência tecnológica, a alienação social e fidelidade aos dispositivos móveis, levando, consequentemente, à redução do convívio social, desatenção para o seu contexto social e fixação ao objeto, que parece a continuidade do próprio corpo; o efeito manada, em que todos executam as mesmas ações e seguem para a mesma direção, caindo, inclusive, no mesmo buraco; a solidão, os personagens estão sempre ocupando os mesmos lugares, mas, ao mesmo tempo, sozinhos, embora conectados pela internet; o individualismo e a falta de empatia, em várias situações em que as pessoas não se importam com o bem-estar do próximo, somente com elas mesmas. São fortes também as críticas ao narcisismo, à beleza cultuada ao extremo, à vaidade ostentada por meio de selfies e fotos postadas nas redes sociais; ao hedonismo, ao prazer individual acima de tudo e todos; e à banalização da violência, também transformada em espetáculo.

O roteiro da animação do videoclipe da música "Are you lost in the word like me?" também leva ao extremo — assim como em "Queda Livre", episódio de Black Mirror — os efeitos negativos da revolução tecnológica na nossa sociedade, mas, por outro lado, não deixa de expor a maneira como a revolução tecnológica, a internet e as redes sociais estão transformando a sociedade atual. Sabemos que nem todos os efeitos da tecnologia são negativos, mas, talvez, colocá-los sob uma lupa nos ajude a compreender este momento da sociedade contemporânea e a antecipar soluções para que esses aspectos considerados, por muitos estudiosos, ainda como efeitos colaterais não se transformem numa epidemia social.

Mas uma coisa é fato: a tecnologia se instalou na vida das pessoas e é quase impossível, na atualidade, não estar integrado a ela. Já não concebemos um mundo isolado sem todos os mecanismos de informação e comunicação de que dispomos, sem poder estabelecer contato com pessoas que estão longe ou saber o que se passa em todos os cantos do mundo. Não há mais limites para a conexão entre duas ou mais pessoas desde que tenham acesso às tecnologias e interesses comuns. Parentes que antes não se comunicavam porque estavam distantes, separados pela barreira física, hoje podem se falar diariamente e estreitar seus laços. Pessoas em qualquer lugar do mundo podem criar relações entre si, descobrir gostos, aptidões e desejos em comum. Todos, desde que tenham acesso à internet, podem se conectar à rede.

Quando traduzido para as redes sociais virtuais, tem se observado um crescente número de pessoas, independentemente de idade, gênero, raça, classe social, que aderiu a essa forma de comunicação. Nesse contexto, as redes sociais criam mecanismos de inovação, de fluxo e de adequação ao cenário contemporâneo, para não cair em desuso, a exemplo do Orkut[17]. Ao mesmo tempo, surgem outros formatos inovadores, centralizando a comunicação entre diferentes perfis e de variados espaços que interagem entre si, por meio de mensagens que provocam reações, conflitos, identificações e sociabilidade. No próximo capítulo, vamos entender um pouco mais sobre as redes sociais e, em particular, sobre o Facebook, escolhido como objeto de estudo neste livro.

---

[17] Rede social lançada pelo Google em janeiro de 2004 e desativada em setembro de 2014. Segundo o próprio criador, Orkut Büyükkökten, o declínio do serviço ocorreu por não acompanhar a evolução das redes sociais. "As redes sociais que não evoluem ao longo do tempo correm o risco de ficar desatualizadas e irrelevantes." Disponível em: https://m.leiaja.com/tecnologia/2019/01/24/por-que-o-orkut-acabou-rede-social-nascia-ha-15-anos/. Acesso em: 15 mar. 2024.

2

INTERNET, REDES SOCIAIS E FACEBOOK

Vivemos hoje um fenômeno sem precedentes no cenário social humano: a crescente associação de bilhões de pessoas em redes de relacionamento intermediadas pela internet. Esse rearranjo na estrutura social foi possível graças à revolução tecnológica ocorrida nas últimas décadas do século passado e início do novo milênio que, com efeito, impulsionou novas formas de conceber o mundo e a construção de diferentes e particulares modos de vida.

A revolução digital proporcionou um salto antropológico tão vasto quanto o provocado pela revolução neolítica, modificando potencialmente todas as esferas da sociedade, segundo Almeida (2010). Por meio das tecnologias, afirma o autor, passamos a ver o que não víamos antes, mas, por outro lado, aumentamos as camadas de mediação. A revolução tecnológica impactou, principalmente, as formas de visualizar o mundo e influencia diretamente nas interações sociais presenciais e nos comportamentos das pessoas, que, em geral, priorizam as relações virtuais em detrimento daquelas face a face.

A internet, como principal mecanismo de comunicação contemporânea, vem se distinguindo por seu potencial de interferir na relação entre seus usuários e no uso que fazem das redes sociotécnicas para produzir/acessar, perceber e interpretar as informações, para o consumo de bens culturais ou para gerir o próprio cotidiano. Junto com a tecnologia digital, surge um regime estético[18] singular em que a intermediação da linguagem digital instaura uma nova relação do homem com o mundo e altera os modos de perceber, o alcance, a intensidade e os esquemas mentais (Vicente, 2008).

A rede mundial de computadores é um mecanismo capaz de configurar a apreensão do homem sobre o universo e converter a realidade virtual em um novo modelo de conhecimento das coisas e das pessoas,

---

[18] "A estética se ocupa de teorizar a recepção sensível e seu conhecimento de acordo com a definição de Baumgarten: alude ao percebido diretamente, é experiência individual. [...]. Conhecemos de acordo com o que percebemos e atuamos de acordo com o que conhecemos. Ao mudar o estatuto perceptivo, mudamos os modos cognitivos, nossas fontes epistemológicas: aquilo que podemos ou não conhecer" (Vicente, 2008, p. 113).

como uma espécie de princípio gerador de novos cenários (Bianco, 2011). Esse comportamento sugere questionar ainda se o real estaria disponível na tela do computador, bastando a mediação tecnológica. Nessa perspectiva, a sapiência do real é de domínio de um aparato virtual capaz de ampliar o olhar sobre os acontecimentos da vida.

A revolução das tecnologias da informação é propulsora de um processo de sociabilidade humana constituída na intersecção entre os aspectos humanos e tecnológicos. Entre as mudanças sociais trazidas pela internet, uma das mais significativas, segundo Recuero (2010), é a possibilidade de expressão e sociabilização por meio das ferramentas de comunicação mediadas por uma variedade de dispositivos eletrônicos, deixando rastros que permitem o reconhecimento de padrões das conexões bem como a visualização das redes sociais por meio desses rastros.

Mas o que são as redes sociais? As redes sociais podem ser entendidas, conforme Martino (2015, p. 55), "como um tipo de relação entre seres humanos pautada pela flexibilidade de sua estrutura e pela dinâmica entre seus participantes". Embora o termo "rede social" esteja em uso há muito tempo, tanto no sentido sociológico quanto popular, somente na década de 1970 os sociólogos cunharam um conceito, como peça central de uma perspectiva da vida social (Johnson, 1997).

Nesse contexto, o conceito de redes sociais está atrelado às conexões entre as pessoas no âmbito familiar, na escola, na comunidade em que vivem e no trabalho, enfim, nas relações que ligam essas pessoas, grupos e organizações nos espaços físicos. Cada indivíduo tem sua função, papel ou papéis sociais e relação com outros membros do grupo formando um conjunto que representa a rede social.

Mas o conceito foi ressignificado e ganhou destaque novamente quando os avanços tecnológicos possibilitaram a formação e evolução das comunidades virtuais, ou seja, dos agrupamentos sociais construídos a partir de relações interpessoais mediadas por uma tela digital, na qual estão informações sobre o grupo, segundo Martino (2015), a exemplo das salas de bate-papo e dos grupos no correio eletrônico. O termo "rede social" tornou-se sinônimo de tecnologia da informação e comunicação e seu uso foi sendo apropriado dessa forma pelos atores sociais.

A noção de redes sociais no ambiente web passa, então, por uma adaptação do modelo de análise social para o espaço virtual e incorpora as características desenvolvidas pelas primeiras comunidades virtuais. As redes sociais na internet tornam-se espaços virtuais onde grupos de pessoas ou empresas se relacionam por meio do envio de mensagens, da partilha de conteúdo, entre outros recursos. Nesse ambiente, os laços tendem a ser mais fracos e, em geral, são formados a partir de interesses, temas e valores compartilhados, mas sem o controle das instituições e com uma dinâmica de interação específica.

Ainda conforme Martino, ao contrário de agrupamentos humanos em espaço físico, nos quais existem vínculos fortes, fundamentados em valores mais ou menos compartilhados, nas redes na internet não se exigem ligações exclusivas, ou seja, as conexões podem ser criadas, mantidas e/ou abandonadas a qualquer momento, bem como não existe a obrigatoriedade de um ritmo específico de atividades.

Nas comunidades virtuais — qualidade compartilhada pelas redes sociais — a fronteira do espaço e tempo entre os participantes foi unificada. Estar no mesmo grupo, pertencer a uma comunidade ou rede não significa mais a proximidade e nem tampouco a materialização de lugar físico; ao contrário, as categorias tempo e lugar confluem por meio da comunicação virtual intermediada pela tecnologia. Para participar de uma comunidade on-line, o sujeito precisa de uma identidade compatível com o grupo no qual quer ingressar. "Isso permite iniciar todo um processo de invenção virtual de si mesmo, algo consideravelmente difícil de fazer no mundo real — afinal, é possível disfarçar algumas características pessoais, mas não todas" (Martino, 2015, p. 46).

Em termos de estrutura, segundo Recuero (2010), uma rede social é formada por dois elementos: os atores (pessoas, instituições ou grupos, os nós da rede) e suas conexões (interações ou laços sociais). Os atores, devido à não presença física e identidade fluida, seriam, segundo a autora, representações ou construções identitárias do ciberespaço, indivíduos que agem por meio de performances de si mesmos. Eles não precisam ser, necessariamente, um ser humano: uma empresa, um grupo, um blog, uma fanpage podem ser considerados atores, nesse sentido, ligados à ação. As conexões, em termos gerais, são constituídas dos laços sociais que, por sua vez, são formados por meio da interação social entre os atores. "Uma das principais características das redes sociais é seu caráter relacional. Em uma rede, as relações entre os participantes dão o tom de seu funcionamento mais do que as características específicas de cada um" (Martino, 2015, p. 57).

No início dos anos 1990, os modelos de comunidade virtual foram atualizados quando a World Wide Web estava começando a se disseminar entre as pessoas comuns e surgiram os primeiros serviços que permitiram aos usuários configurarem uma página pessoal e, em alguns casos, atrelar essas páginas criadas às de outros internautas, a exemplo do TheGlobe.com, Geocities e Tripod, segundo Kirkpatrick (2011, p. 78). Essas se tornaram características fundantes dos sites de redes sociais, conforme ressaltam as sociólogas Danah Boyd e Nicole Ellison (2007, p. 211). Segunda as autoras, esses sites são definidos como serviços na web que permitem que seus usuários possam construir um perfil público ou semipúblico dentro de um sistema limitado, possam articular uma lista de usuários com os quais compartilham uma conexão e, por fim, possam visualizar e percorrer a sua lista de conexões e as listas feitas por outras pessoas.

A era das redes sociais modernas, como conhecemos hoje, teria começado em 1997, com uma startup novaiorquina chamada sixdegress.com, fundada pelo advogado Andrew Weinreich, que inaugurou um serviço considerado inovador à época e que tentava utilizar a identificação real dos usuários. Segundo Kirkpatrick (2011), o nome da rede social, sixdegress.com, partia da premissa conceitual de que todas as pessoas no planeta podem estar ligadas por uma extensa cadeia de relacionamentos que começa com os amigos imediatos, progride para o grau dos amigos dos amigos, até chegar ao sexto grau.

Na sixdegress, ainda conforme o autor, o internauta podia criar um perfil pessoal com informações verdadeiras sobre o usuário e seus interesses. A rede social ajudava a pessoa a estabelecer ligação com seus amigos. Nesse processo, o integrante da rede social tinha a opção de pesquisar perfis e pedir para os amigos que lhe apresentassem outras pessoas interessantes. Para isso, havia dois recursos fundamentais quando a rede foi lançada. O "conecte-me", que permitia escrever o nome de alguém e criar um mapa de seu relacionamento com aquela pessoa por meio de vários outros membros, e o "ponha-me em rede", que permitia definir características na sua busca de forma a identificar membros que coincidiam com esses atributos.

Kirkpatrick explica que, apesar de todos os investimentos em funcionários, serviços caros, licenças de software e desenvolvedores de recursos na internet, a primeira rede social enfrentou várias limitações. O modem discado deixava a conexão e o serviço lentos e, apesar de os perfis comportarem várias informações, a fotografia não era um recurso viável naquela época porque as pessoas não tinham câmeras digitais. Outro entrave é que não estava claro para os internautas, tanto aos membros quanto aos não usuários, que a rede social pretendia ser um serviço de encontros, uma rede de negócios, ou ambos. Mesmo assim, em 1999, o site atingiu 3,5 milhões de usuários cadastrados e foi vendido a uma grande empresa por US$ 125 milhões. Além de nunca ter gerado muita receita, junto do estouro da bolha ponto-com, conforme Kirkpatrick, no final de 2000, os novos proprietários tiveram que fechar a empresa deficitária.

Na primeira década dos anos 2000, a internet seria palco para inúmeras iniciativas, após o fenômeno das redes sociais atingir o Vale do Silício e São Francisco. Entre as redes sociais que foram surgindo se destacam, no levantamento feito por Kirkpatrick[19], o Friendster, Tickle, LinkedIn, Tribe.net, MySpace, Clube Nexus, Orkut e o Thefacebook. Quando o Thefacebook foi lançado, em fevereiro de 2004, o MySpace tinha mais de 1 milhão de membros e estava se tornando a principal rede social norte-americana.

2.1 A EXPLOSÃO DO FACEBOOK

O Facebook foi criado pelo estudante norte-americano Mark Zuckerberg e pelos colegas de faculdade Eduardo Saverin, Dustin Moskovitz e Chris Hughes como uma ferramenta para melhorar o relacionamento entre as pessoas, principalmente os estudantes universitários. Inicialmente denominado Thefacebook, o site limitava-se à participação dos estudantes da Universidade Harvard, mas, gradualmente, passou a dar suporte a alunos de outras universidades antes de abrir para a participação de estudantes do ensino médio, em outubro de 2005, e para qualquer pessoa com treze anos ou mais em outubro de 2006. O site de rede social se tornou oficialmente Facebook, sem o The, em setembro de 2005, após a aquisição do endereço facebook.com, da empresa Aboutface.

Em 2010, o Facebook já possuía mais de 600 milhões de usuários ativos, sendo 143 milhões somente nos Estados Unidos. Operando em 75 idiomas à época, os dez países nos quais mais havia crescido até novembro daquele ano, de acordo com dados do Facebook Global Monitor, apresentados por Kirkpatrick (2011), foram Romênia, Coreia do Sul, Hungria, Tailândia, Ucrânia, República Dominicana, Letônia, Iraque, Brasil e Equador. Segundo o autor, talvez seja a empresa de mais rápido crescimento de toda a história mundial.

---

[19] Para uma visão mais detalhada do histórico do surgimento das redes sociais no início da primeira década dos anos 2000 consulte o capítulo 3 — As redes sociais e a internet —, de: Kirkpatrick, Donald. O efeito Facebook: os bastidores da história da empresa que conecta o mundo. Tradução de Maria Lúcia de Oliveira. Rio de Janeiro: Intrínseca, 2011.

Atualmente, é um dos sistemas com maior base de usuários no mundo, com 2,958 bilhões de usuários ativos por mês, segundo dados do relatório "Digital in 2023" do site We Are Social[20], seguido pelo YouTube, com 2,514 bilhões, e pelo WhatsApp e Instagram, ambos com 2 bilhões cada. No Brasil, é a quarta rede social mais utilizada, ficando atrás do WhatsApp, YouTube e Instagram, respectivamente.

Desde o final de 2021, o grupo que administra o Facebook, o Instagram e o WhatsApp passou a se chamar Meta, em referência ao Metaverso. Mas as redes sociais mantiveram seus nomes originais e as mesmas funcionalidades. Como ferramenta de comunicação baseada na interação entre as pessoas, o Facebook é uma rede social versátil, que reúne muitas funcionalidades no mesmo lugar. Serve tanto para se relacionar com amigos e família, conhecer pessoas, informar-se, gerar negócios, entre outros. A empresa não cobra pelo uso da rede social, mas estabelece um contrato com o usuário, definindo regras e diretrizes.

Os Termos de Serviço do Facebook[21] — que são apresentados ao internauta no momento em que ele se inscreve na rede social e com os quais ele deve concordar para se tornar usuário; e o faz, muitas vezes, sem ao menos ler o seu conteúdo — detalham os produtos e serviços oferecidos aos usuários, informam como os serviços são financiados e as responsabilidade e compromissos que o usuário assume ao entrar para a rede social. Há ainda diretrizes para a Política de Privacidade (como as informações recebidas pelo Facebook são utilizadas) e os Padrões da Comunidade (o que é ou não permitido na rede social). Além disso, existem outros tópicos como "Disposições Gerais" e "Outros Termos e Políticas que Podem se Aplicar a Você", que complementam as regras. O texto que define os Termos de Serviço é extenso, com várias subseções que detalham as regras. Destacaremos aqui alguns pontos considerados relevantes para a compreensão do funcionamento da rede social no contexto desta pesquisa.

2.1.1 Termos de Serviço

Ao entrar no Facebook, muitos nem fazem ideia de que estão cedendo suas informações e os conteúdos que postam para uso da empresa Meta,

---

[20] Disponível em: https://www.amper.ag/post/we-are-social-e-hootsuite-digital-2023-visao-geral-global-resumo-e-relatorio-completo. Acesso em: 16 mar. 2024.

[21] Disponível em: https://www.facebook.com/legal/terms. Acesso em: 17 mar. 2024.

que administra o site de relacionamento. Em troca do acesso e utilização da rede social de forma gratuita, o ingressante concorda em receber anúncios definidos a partir do uso de seus dados pessoais, que são empregados para determinar, a partir de seus interesses, a relevância da peça publicitária que será exibida no seu perfil.

> Não vendemos seus dados pessoais para anunciantes e não compartilhamos informações de identificação pessoal (como nome, endereço de e-mail ou outras informações de contato) com os anunciantes, a menos que tenhamos sua permissão específica. Em vez disso, os anunciantes nos informam os tipos de público que desejam que vejam os anúncios, e nós mostramos esses anúncios para pessoas que podem estar interessadas. Oferecemos aos anunciantes relatórios sobre o desempenho dos anúncios para ajudá-los a entender como as pessoas estão interagindo com o conteúdo. (Facebook. Termos de Serviço).

Ainda nessa seção, entre as concessões feitas pelo usuário, está a permissão para usar o conteúdo que cria e compartilha. Isso significa, por exemplo, que, se a pessoa compartilhar uma foto no Facebook, permite à empresa armazená-la, copiá-la e compartilhá-la com outras pessoas. O usuário dá permissão também para acesso ao seu nome, foto do perfil e informações sobre suas ações com anúncios e conteúdo patrocinado. Nesse caso, por exemplo, o Facebook pode mostrar para seus amigos que você tem interesse em um evento anunciado ou que curtiu uma página criada por uma marca que pagou para exibir anúncios na rede social, entre outros. Além de autorizar o uso de suas informações, ao clicar em "aceito" os termos, o usuário também está permitindo que aplicativos ligados ao Facebook tenham acesso aos seus dados.

Embora a empresa afirme garantir a segurança dos dados, dois grandes escândalos envolvendo a rede social colocaram em xeque sua política de privacidade. O primeiro ocorreu após denúncias feitas, em 2013, pelo analista de sistemas Edward Snowden, de que o Facebook, entre outras empresas, teria colaborado com o programa de vigilância eletrônica dos Estados Unidos conhecido como Prism, da Agência de Segurança Nacional (NSA)[22]. Snowden, ex-administrador de sistemas da CIA e ex-funcionário da NSA, teve acesso a documentos que comprometiam várias empresas.

---

[22] "EUA tem acesso direto aos servidores de Google, Facebook e Apple, diz jornal". Disponível em: https://www.cartacapital.com.br/mundo/eua-tem-acesso-direto-aos-servidores-de-google-facebook-e-apple-diz-jor-

Segundo a denúncia, que veio a público em reportagens dos jornais The Guardian e The Washington Post e foi amplamente divulgada pela mídia,[23] o programa de vigilância do governo norte-americano permitiria que os dados dos usuários do Facebook fossem armazenados indefinidamente nos computadores da NSA. Entre os dados coletados estariam o correio eletrônico, conversas por áudio e por vídeo, vídeos, fotos, transferências de arquivos, notificações de login e outros detalhes pertinentes a redes sociais. O Facebook e as demais empresas citadas na denúncia negaram que houve colaboração e alegaram que somente fornecem informações de seus usuários por meio de ordem judicial.

Em 2018, a empresa foi novamente alvo de polêmica divulgada pela imprensa[24] por uso indevido de informações dos usuários da rede social pela empresa Cambridge Analytica. Dessa vez, foi acusada de ter dado acesso aos dados de aproximadamente 87 milhões de usuários. Mark Zuckerberg foi convocado pelo Senado dos Estados Unidos a prestar esclarecimentos sobre a política de privacidade da rede social, as ferramentas de proteção dos dados e ações para se evitar as fake news, principalmente com enfoque político e eleitoral. Zuckerberg assumiu o uso indevido das informações de usuários pela Cambridge Analytica, mas negou que o Facebook realiza a venda de dados de seus usuários. Confirmou a utilização de todo o conteúdo para fins publicitários com o objetivo de "melhorar a experiência do usuário".

Resultado de estudos da empresa de análise de negócios Mixpanel, segundo notícia divulgada pelo site Uol[25], aponta uma queda de 20% no engajamento dos usuários do Facebook após o escândalo envolvendo a Cambridge Analytica. Os dados mostram uma queda quase contínua na quantidade de curtidas, compartilhamentos e posts feitos na rede social em julho, outubro e dezembro de 2018, além de janeiro de 2019.

---

nal-5976/. Acesso em: 18 mar. 2024.

[23] "Entenda o caso de Edward Snowden, que revelou espionagem dos EUA". Disponível em: http://g1.globo.com/mundo/noticia/2013/07/entenda-o-caso-de-edward-snowden-que-revelou-espionagem-dos-eua.html. Acesso em: 18 mar. 2024.

[24] "Como a Cambridge Analytica recolheu dados do Facebook". Disponível em: https://www1.folha.uol.com.br/mercado/2018/03/como-a-cambridge-analytica-recolheu-dados-do-facebook.shtml. Acesso em: 18 mar. 2024. "O uso ilegal de dados do Facebook pela Cambridge Analytica". Disponível em: https://www.nexojornal.com.br/expresso/2018/03/19/O-uso-ilegal-de-dados-do-Facebook-pela-Cambridge-Analytica.-E-o-que-h%C3%A1-de-novo. Acesso em: 18 mar. 2024.

[25] "Uso do Facebook caiu 20% desde escândalo de Cambridge Analytica". Disponível em: https://www.uol.com.br/tilt/noticias/redacao/2019/06/20/uso-do-facebook-caiu-20-desde-escandalo-de-cambridge-analytica.htm. Acesso em: 18 mar. 2024.

2.1.2 Política de Dados

No documento sobre a Política de Dados[26], a empresa comunica a seus usuários sobre as informações que são coletadas durante o uso de seus produtos, inclusive os dados que são cadastrados quando se cria uma conta; cria ou compartilha conteúdo (como publicações, comentários ou áudios); conteúdo fornecido por meio do recurso de câmera, do rolo da câmera ou dos recursos habilitados de voz; mensagens enviadas e recebidas, incluindo o conteúdo, sujeitas às leis aplicáveis; os metadados sobre conteúdo e mensagens; apps e recursos usados e quais ações realizadas neles; compras ou outras transações que você realiza, incluindo as informações de cartão de crédito; as hashtags usadas e o horário, a frequência e a duração das suas atividades nos produtos do grupo.

> Coletamos:
>
> • As informações que você nos fornece ao se cadastrar nos nossos Produtos e criar um perfil, como endereço de e-mail ou telefone.
>
> • O que você faz nos nossos Produtos. Isso inclui curtidas, cliques, publicações, fotos e mensagens enviadas. Se você usa mensagens criptografadas de ponta a ponta, não podemos ver o conteúdo delas, a menos que os usuários as denunciem para análise.
>
> • Quem são seus amigos ou seguidores e o que eles fazem nos nossos Produtos
>
> • Informações sobre o telefone, o computador ou o tablet que você usa nos nossos Produtos, como o modelo do dispositivo e a versão do app que você está usando.
>
> • Informações dos parceiros sobre o que você faz dentro ou fora dos nossos Produtos. Isso inclui outros sites que você acessa, apps que usa ou jogos on-line que você joga. (Facebook. Política de Dados).

Essas informações são usadas pela empresa, segundo o documento, para, além de oferecer produtos, personalizar recursos e conteúdo, fazer sugestões aos usuários sobre serviços, melhorar a segurança, entre outras utilidades. E são compartilhadas com outros integrantes da rede social; aplicativos, sites e terceiros que usam os produtos da empresa; com anunciantes;

---

[26] Disponível em: https://www.facebook.com/privacy/policy. Acesso em: 17 mar. 2024.

com fornecedores e provedores de serviços, pesquisadores e acadêmicos, entre outros parceiros da empresa. A empresa deixa claro o que acontece caso você decida não permitir coletar determinadas informações: "Algumas informações são necessárias para que nossos Produtos funcionem. Outras informações são opcionais, mas, sem elas, é possível que a qualidade da sua experiência seja afetada", afirma o documento.

2.1.3 Padrões da Comunidade

Entretanto, o documento mais relevante para este trabalho é o que expressa os Padrões da Comunidade, um guia do que é ou não permitido no Facebook, ou seja, as diretrizes que devem ser seguidas pelos membros da comunidade, uma vez que as normas de comportamento não são imediatamente discerníveis no espaço on-line. No texto introdutório do documento, disponível on-line,[27] a empresa anuncia seu compromisso contra o abuso: "A Meta reconhece a importância de o Facebook ser um espaço onde as pessoas possam se comunicar e leva a sério o papel de eliminar dos seus serviços todo tipo de abuso". Segundo a empresa, esses padrões são construídos a partir do feedback da comunidade e dos conselhos de especialistas de algumas áreas, como tecnologia, segurança pública e direitos humanos.

> A Meta deseja que as pessoas possam falar abertamente sobre os assuntos importantes para elas, seja por meio de comentários escritos, fotos, música ou outros meios artísticos, mesmo que alguns indivíduos possam discordar deles ou considerá-los questionáveis. Em alguns casos, permitimos conteúdo que não segue nossos padrões, caso seja interessante e tenha utilidade pública. Nós só fazemos isso após avaliarmos o valor da utilidade pública e o risco de dano. Também observamos os padrões internacionais relativos aos direitos humanos para realizar esses julgamentos. Em outros casos, podemos remover conteúdo que usa linguagem ambígua ou implícita quando um contexto adicional nos permite entender, razoavelmente, que o conteúdo não segue nossos padrões. (Facebook. Padrões da Comunidade).

No guia, a empresa reconhece que a internet cria novas e muitas oportunidades de abuso e, por isso, limita a expressão com base em um ou mais dos seguintes valores: autenticidade, segurança, privacidade e digni-

---

[27] Disponível em: https://transparency.fb.com/pt-br/policies/community-standards/. Acesso em: 17 mar. 2024.

dade. Quanto à autenticidade, a preocupação é que as pessoas não usem o Facebook para falsificar a própria identidade ou o que estão fazendo e produzindo, garantindo que o conteúdo postado seja autêntico. Segundo Kirkpatrick (2011), desde a criação da rede social houve a preocupação dos administradores com a uso da identidade verdadeira, e essa prática continua sendo uma diretriz importante no Facebook. Conforme o autor, se você não se comunicar com outras pessoas se apresentando, os amigos não vão te reconhecer ou não vão querer te adicionar como um amigo. Uma maneira importante de outras pessoas no Facebook saberem que você é quem diz ser é consultar sua lista de amigos. Esses amigos reforçam sua identidade. E nesse processo de validação circular você deve usar seu nome verdadeiro.

Já a segurança tem o objetivo de conter ameaças que possam intimidar, excluir ou silenciar as pessoas, atitude que, segundo o documento, não será permitida. A diretriz afirma que o compromisso da empresa é fazer do Facebook um lugar seguro. "Removemos conteúdo que possa contribuir para o risco de danos à segurança física das pessoas", ressalta o documento. O terceiro pilar é privacidade, para garantir às pessoas a liberdade de serem elas mesmas, escolher como e quando compartilhar na rede social e criar conexões. O compromisso assumido pela empresa é de proteger a privacidade e as informações pessoais. E, por fim, o quarto valor, que diz respeito à dignidade. Nesse ponto, a empresa afirma acreditar que todas as pessoas são iguais no que diz respeito à dignidade e aos direitos.

Em seções subsequentes dos Padrões da Comunidade, cada fundamento da política que define as metas contém trechos específicos. No tópico "Violência e comportamento criminoso", busca-se evitar potenciais danos fora do ambiente on-line que possam estar relacionados a conteúdos do Facebook; não permitir que organizações ou indivíduos que anunciem uma missão violenta ou que estejam envolvidos em violência tenham presença na rede social; combater a incitação a danos e coordenação de crimes, ou seja, proibir a facilitação, organização, promoção ou aceitação de determinadas atividades prejudiciais ou criminosas direcionadas a pessoas, empresas, propriedade ou animais; proibir tentativas de pessoas, fabricantes e varejistas de comprar, vender, sortear, presentear, transferir ou comercializar determinados produtos e serviços na plataforma; e remover conteúdo que busca intencionalmente enganar, fazer declarações falsas de maneira deliberada ou explorar as pessoas de outra forma por dinheiro ou propriedade.

No segundo tópico, Segurança, a empresa proíbe e retira de circulação qualquer conteúdo que incentive suicídio, automutilação ou distúrbios alimentares, incluindo conteúdo fictício, como memes ou ilustrações, e qualquer conteúdo de automutilação explícito, independentemente do contexto. A empresa se compromete ainda a remover conteúdo que debocha de vítimas ou sobreviventes, inclusive representações em tempo real de suicídio ou automutilação. Outra política é a proibição de conteúdo ou atividades que explorem crianças sexualmente ou as coloquem em risco. É proibida também a exploração e a violência sexual de adultos. A empresa promete remover imagens que apresentem incidentes de violência sexual e imagens íntimas compartilhadas sem o consentimento das pessoas retratadas. Com relação ao bullying e ao assédio, que variam de ameaças a revelação de informações de identificação pessoal, envio de mensagens ameaçadoras e contato malicioso indesejado, a Meta afirma não tolerar esse tipo de comportamento porque ele impede que as pessoas se sintam seguras e respeitadas no Facebook.

Ainda nesse tópico, a empresa afirma remover os conteúdos que facilitem ou coordenem a exploração humana, incluindo o tráfico de pessoas. Nesse caso, define-se como tráfico de pessoas qualquer atividade que prive uma pessoa da sua liberdade para fins lucrativos. E isso inclui trabalho forçado, exploração sexual ou qualquer outra prática imposta contra a vontade de uma pessoa. A Meta promete garantir privacidade e proteção das informações pessoais e remover conteúdo que compartilha, oferece ou solicita informações de identificação pessoal ou outras informações privadas que possam levar a danos corporais ou prejuízos financeiros, incluindo informações financeiras, residenciais e médicas, bem como informações privadas obtidas de fontes ilegais.

Já no tópico "Conteúdo Questionável", as políticas de restrições são direcionadas ao discurso de ódio, que se disseminou nas redes sociais nas últimas décadas, definido como um ataque direto a pessoas, e não a conceitos e instituições, baseado no que a empresa chama de características protegidas: raça, etnia, nacionalidade, deficiência, religião, casta, orientação sexual, sexo, identidade de gênero e doença grave. Estão proibidos também os discursos violentos ou desumanizantes, estereótipos prejudiciais, declarações de inferioridade, expressões de desprezo, repulsa ou rejeição, xingamentos e incitações à exclusão ou segregação. Também é vedado o uso de estereótipos prejudiciais, definidos como comparações desumanizantes historicamente usadas para atacar, intimidar ou excluir grupos específicos, e que muitas vezes estão ligadas à violência no meio físico. A Meta considera a idade uma característica protegida quando referenciada com outra característica também protegida. Também estão proibidos os ataques mais graves a refugiados, migrantes, imigrantes e pessoas que buscam asilo, embora sejam permitidos comentários e críticas às políticas de imigração, entre outros conteúdos.

Violência e conteúdo explícito também estão proibidos de circularem no Facebook. A política da empresa é de remover conteúdo particularmente violento ou explícito, como vídeos que mostram desmembramento, vísceras visíveis ou corpos carbonizados, além de conteúdo que contenha comentários sádicos sobre imagens retratando sofrimento humano e animal. Nudez adulta e atividades sexuais são temas-alvo de restrição pela empresa. A política da empresa é de remoção dessas imagens para impedir o compartilhamento de conteúdo de menores de idade ou não consensual. As restrições à exibição de atividade sexual também se estendem ao conteúdo criado digitalmente, exceto quando publicado por motivos educativos, humorísticos ou satíricos.

Ademais, nesse tópico, fica restrito o uso de linguagem sexualmente explícita que possa gerar propostas de cunho sexual. Nesse sentido, a empresa pede que não sejam postados conteúdos que ofereçam ou procurem por serviços comerciais entre adultos, como a solicitação, a oferta ou a cobrança de taxas de serviços de acompanhantes e de serviços pagos que envolvam fetiches sexuais ou dominação, entre outros conteúdos que recrutem e ofereçam serviços sexuais ou que firam as Políticas sobre Exploração Humana.

No tópico "Integridade e autenticidade", além das identidades genuínas, a orientação do Facebook é que os usuários não disseminem spam — termo usado para se referir às mensagens eletrônicas que são enviadas sem o consentimento do destinatário e que, geralmente, são despachadas para um grande número de pessoas — e notícias falsas. A mídia manipulada, ou seja, imagens, áudios ou vídeos editados e alterados para enganar, também é passível de ser removida. O comportamento não autêntico, ou seja, o uso de identidade e contas falsas também é proibido pela Meta. A propriedade intelectual é tratada em um tópico à parte. O texto orienta o usuário a, antes de publicar um conteúdo, verificar se tem o direito de fazê-lo em função dos direitos e propriedade intelectual. "Solicitamos que você respeite os direitos autorais, as marcas comerciais e outros direitos legais de terceiros."

A maioria dos temas e/ou conteúdos sujeitos a proibições e restrições nas orientações propostas pelos Termos de Serviço, no entanto, podem ser permitidos, segundo a própria empresa, quando as postagens visam ajudar as pessoas a gerar conscientização sobre algumas dessas questões. O Facebook conta com as pessoas, usuárias e não usuárias da rede social, para que o conteúdo com potencial de violação das regras seja denunciado aos administradores do site. Podem ser alvos das denúncias: páginas, grupos, perfis, conteúdo individual e comentários. Além disso, os usuários ganham ainda controle sobre a própria experiência, podendo bloquear, deixar de seguir ou ocultar pessoas e publicações. As consequências da violação dos Padrões da Comunidade variam de acordo com a gravidade e com o histórico do usuário na plataforma. As punições vão desde a notificação por uma primeira violação às políticas, por exemplo, até a restrição da possibilidade de publicar no Facebook ou mesmo desativação do perfil caso a violação persista. Além disso, quando os administradores julgarem que há risco real de danos físicos ou ameaça direta à segurança pública, as autoridades serão notificadas.

Cabe ressaltar ainda que, neste texto, foi feito um apanhado geral das regras para evidenciar que há uma preocupação da empresa quanto às regras de comportamento do usuário nas interações da rede social e fornecer um panorama ao leitor. Para uma compreensão mais detalhada das políticas de uso e privacidade, ou seja, do que pode ou não pode ser feito pelos usuários da rede social, faz-se necessária uma leitura atenta do documento disponível on-line. Vale também enfatizar que os Termos de Serviço do Facebook, que anteriormente era denominado Declaração de Direitos e Responsabilidades, constituem o acordo atual — conforme última consulta feita por mim ao documento on-line, em março de 2024 — entre o usuário e o Facebook. Os termos desse acordo podem ser atualizados, segundo a política da própria empresa, a qualquer momento, para refletir de forma precisa os serviços e práticas. Caso haja alteração, o usuário deve ser notificado com um prazo mínimo de 30 dias de antecedência para que possa analisar as alterações e decidir se quer continuar usuário da rede social. Se após o prazo continuar usando os serviços, será vinculado automaticamente às novas regras.

2.2 COMPORTAMENTO NA REDE SOCIAL

No contexto contemporâneo, compreender o comportamento social é necessariamente estabelecer uma relação com os avanços tecnológicos, com a internet e, em particular, com as redes sociais e seu significado cultural na vida cotidiana. Como afirmou o sociólogo Zigmunt Bauman, em entrevista ao jornal Clarín[28], vivemos simultaneamente em dois mundos paralelos. "Um, criado pela tecnologia on-line, nos permite passar horas em frente a uma tela. Por outro lado, temos uma vida normal. A outra metade do dia passamos no mundo que, em oposição ao mundo on-line, chamo off-line."

A tecnologia ganhou primazia porque traduz as práticas e ações das pessoas. Não são raros os exemplos de como as pessoas expõem suas opiniões, comportamentos, expressam valores, fazem julgamentos e são avaliadas pelas postagens feitas nas redes sociais. Em geral, os integrantes das redes sociais e de outras comunidades virtuais acompanham os fluxos de seus pares no ambiente web e, de certa forma, avaliam seu comportamento.

Seja por ação ou omissão, no nosso cotidiano sofremos constantemente com o julgamento das pessoas, assim como também fazemos inúmeros julgamentos dos outros, conforme Zanqueta (2014, p. 49). "Quem nunca, à primeira vista, foi julgado ou julgou uma pessoa pela roupa que ela estava usando sem ao menos conhecê-la?", questiona a autora, ao afirmar que todos já passamos por isso em algum momento da vida. Independentemente do que postar, seja foto, frase, pensamento, uma reação de curtir, um compartilhamento de postagem, tudo estará sujeito ao julgamento positivo ou negativo dos integrantes da rede. "Dependerá delas, não de você", ressalta Zanqueta.

Um exemplo de julgamento que ganhou ampla repercussão nas mídias, ocorrido em plena pandemia do novo coronavírus, envolveu a digital influencer Gabriela Pugliesi. Ela promoveu uma festa em sua casa, em São Paulo, quando a medida de isolamento social estava em uma de suas fases mais restritivas, e convidou algumas amigas, entre elas as influencers Mari Saad e Barbara Brunca. A reunião, em março de 2020, foi condenada nas redes sociais e as blogueiras tiveram que se desculpar publicamente, além dos contratos cancelados por seus patrocinadores. Em um dos vídeos publicados, as convidadas aparecem comendo e bebendo. Pugliesi segura um copo e, para a câmera, diz: "F*da-se a vida". A influencer publicou um pedido de desculpa no Instagram[29], declarando estar arrependida e que teria aprendido a lição.

Em fevereiro de 2019, a socialite Donata Meirelles, da direção da revista Vogue Brasil, postou fotos de seu aniversário, cuja temática foi

---

[28] Disponível em: http://www.ihu.unisinos.br/185-noticias/noticias-2016/559679-vivemos-em-dois-mundos-paralelos-e-diferentes-o-on-line-e-o-off-line-entrevista-com-o-sociologo-zygmunt-bauman. Acesso em: 20 mar. 2024.
[29] A rede social pertence ao mesmo grupo do Facebook.

associada ao Brasil Colônia, no Facebook e no Instagram. Em uma das fotos, Donata aparece sentada em uma cadeira, comparada a um "trono de sinhá", rodeada por mulheres negras, interpretadas, por muitos internautas, como "escravas mucamas".[30] Esse fato teve uma repercussão negativa, culminando na demissão da socialite da direção da revista.

Outro exemplo, de grande repercussão, foi o episódio envolvendo o piloto de avião de uma companhia aérea brasileira que, em 2014, foi demitido após externar seus preconceitos contra os nordestinos no Facebook.[31] Ele reclamou da demora no atendimento em um restaurante em João Pessoa, na Paraíba, postando a seguinte mensagem: "Para manter o padrão porco, nojento, relaxado, escroto de tudo no Nordeste como sempre".

As redes sociais se tornaram uma vitrine, por meio da qual se pode acompanhar o que as pessoas fazem, pensam ou compartilham. Ao mesmo tempo, como nos exemplos apresentados, pode se tornar uma vidraça para quem se expõe sem medir as consequências. A exposição e o julgamento tornaram-se características comuns das redes sociais na internet. Os indivíduos escolhem como e o que mostrar de si próprios e, ao mesmo tempo, avaliam e são avaliados, positiva ou negativamente, quanto aos seus comportamentos e de seus interlocutores. Esse fato se justifica em termos de "aprovação/condenação do comportamento humano através de referências à aceitabilidade e às normas sociais; avaliações do caráter de alguém, ou do quanto essa pessoa se aproxima das expectativas e exigências sociais" (White, 2004, p. 179).

Esses preceitos são considerados, neste livro, como decoro, ou seja, as normas e regras que definem as formas apropriadas para o comportamento dos indivíduos em diferentes situações cotidianas de convívio social. Embora nem sempre o cidadão tenha consciência destas, elas podem ser observadas na forma de agir, de tomar posições e de apresentar reações diante de determinadas circunstâncias. Explica Martins (1999) que as regras são interiorizadas e influenciam diretamente nos comportamentos dos indivíduos e nas interações sociais. "É o embaraço que cada um sente em face de condutas impróprias de terceiros ou de si mesmo que expressa exteriormente a regra interiorizada e é o embaraço que revela à consciência do ator que a conduta está se desenrolando [...] de modo impróprio" (Martins, 1999, p. 12–13).

---

[30] Disponível em: https://jornalistaslivres.org/donata-meirelles-foi-obrigada-a-pedir-demissao-para-vogue-brasil-nao-demiti-la/. Acesso em: 20 mar. 2024.

[31] Disponível em: https://brasil.estadao.com.br/noticias/geral,piloto-da-avianca-e-demitido-apos-xingar-nordestinos-no-facebook,1146351. Acesso em: 20 mar. 2024.

O sentimento de vergonha e embaraço numa dada circunstância ou situação social apenas indica, segundo Martins, que os evolvidos no diálogo estão orientados por pauta do que é certo e errado, apropriado e inapropriado. E essa pauta é construída ao longo dos anos de socialização, em que vamos aprendendo e incorporando normas que nos são ensinadas, culminando numa espécie de manual próprio de boa conduta. "Ele não está escrito, mas está lá, nos diferentes momentos, registrando na consciência cotidiana de cada um o que, sobretudo na dos outros, quebra ou não quebra a normalidade do processo interativo" (Martins, 1999, p. 10)

A partir desses entendimentos, busco, no próximo capítulo, apresentar uma discussão conceitual sobre o decoro do campo das Ciências Sociais, em especial nas obras de dois autores centrais da teoria sociológica contemporânea: Norbert Elias (2011) e Erving Goffman (2011 e 2014). Priorizo o foco em que os teóricos se apoiam para dar os sentidos do termo "decoro" e sua influência na relação entre indivíduo e sociedade. Nas obras examinadas é notória a frequência do emprego do termo atrelado às ideias construídas nos contextos históricos e sociais, responsável por mecanismos de controle das relações com base na percepção sobre conduta aceitável, decência, conveniência e moral.

3

DECORO: UMA APROXIMAÇÃO CONCEITUAL

A noção de decoro, embora não tenha sido formalmente conceituada pelas Ciências Sociais, é frequentemente utilizada por estudiosos dessa área científica e é encontrada, particularmente, nos estudos de dois autores centrais da teoria sociológica contemporânea: Norbert Elias em O processo civilizador (2011) e Erving Goffman em Ritual de interação: ensaios sobre o comportamento face a face (2011) e A representação do eu na vida cotidiana (2014). Apesar de os autores não serem representantes de uma mesma linhagem ou tradição sociológica — Elias é um expoente da Sociologia Figuracional[32] alemã, enquanto Goffman se destaca como um teórico de uma Sociologia das Ocasiões[33] —, a opção pelo recorte temático sobre o decoro permite dialogar com ambas as correntes. Enquanto Elias constrói uma sociologia a partir da análise processual histórica dos costumes e maneiras coletivas; Goffman adota uma perspectiva interacionista, concentrando-se nos detalhes concretos do que acontece entre indivíduos na vida cotidiana.

A exemplo de outros autores do campo das Ciências Sociais que fazem menção ao decoro, podemos ressaltar Bronislaw Malinowski, um dos fundadores da Antropologia Social, em seu livro Crime e costume na sociedade selvagem, publicado em 1926. O autor analisou as sociedades primitivas que não tinham a presença do Estado, mas observou uma forma de ordem jurídica baseada no respeito entre os membros do grupo e na reciprocidade das atividades. No trecho a seguir, entre outras passagens da obra, registra-se o uso do termo decoro. "[...] Se o caso é mantido às escondidas, guardado certo decoro, e se ninguém cria problema, a 'opinião pública' bisbilhotará, mas não exigirá nenhum castigo rigoroso" (Malinowski, 2003, p. 64).

---

[32] Caracteriza-se por estudar as pessoas de modo plural, e esses seres humanos são interdependentes numa variedade de modos, e as suas vidas são moldadas pelas figurações sociais que formam em conjunto.

[33] Estudo da ritualidade das pessoas em situações de interação, por meio da análise de olhares, gestos, posturas e as afirmações verbais intencionais ou não intencionais. Interessam as pequenas condutas e os pequenos grupos ou reuniões, considerados "entidade móveis" ou "interações temporárias".

Em outra publicação, A vida sexual dos selvagens, três anos depois (em 1929), Malinowski dedica um tópico especial no capítulo "Moralidades e Costumes" para tratar de Decência e Decoro. Nesse relato, ele dá uma ideia dos costumes dos nativos, reunindo fatos da vida íntima e da fisiologia da alimentação, da excreção e dos cuidados com os aspectos anatômicos do corpo, para mostrar o respeito dos selvagens pelos sentimentos dos outros e a certos princípios biológicos sadios em que baseiam seu cotidiano (Malinowski, 1982).

Minha opção neste texto foi tomar como referência Goffman e Elias para analisar os sentidos atribuídos ao conceito de decoro e sua influência nos modos de vida e nas novas sociabilidades contemporâneas. Antes de prosseguir, no entanto, vale a pena esclarecer a origem e os significados atribuídos à palavra "decoro". O termo provém do latim decorum e significa decência, conveniência (Rezende; Bianchet, 2014). Decorum deriva da raiz decor, cuja acepção é o que fica bem, o que convém. Nesse caso, duas ideias básicas parecem se fundir ao conceito de decoro: a decência, também derivação do latim decentia, que evoca o sentido de recato, compostura e honestidade de cada pessoa; e a conveniência, também do latim convenientia, de ser adequado, estar de acordo com as convenções, ou seja, agir em consonância com as regras morais e éticas preestabelecidas. Tomando como referência o sentido construído de decoro, passo a analisar de que forma o termo é tratado pelos autores privilegiados neste capítulo.

Em O processo civilizador: uma história dos costumes, trabalho considerado sua obra-prima, Norbert Elias (2011)[34] reproduz o termo "decoro" como uma palavra utilizada habitualmente e de entendimento coletivo e público. A expressão se repete pelo menos duas dezenas de vezes ao longo de sua obra, em citações feitas a outros pensadores e nos trechos dos tratados e nos poemas para representar maneiras cortesas e códigos de conduta, como exemplo, em Erasmo, Castiglione, Della Casa, padre La Salle, entre outros.

Nos seus estudos, Elias tem como ponto de partida a Idade Média, e busca compreender as transformações ao longo do tempo das estruturas de personalidade e comportamentos dos seres humanos até o início da era moderna. O autor ressalta que, antes mesmo desse período, muitos outros

---

[34] Publicado originalmente sob o título Über den Prozess Zvilisation, v. I, em 1939, por Haus zum Falken, de Basileia, Sunessa regi pequena, com participaçtade, cavilisation, v. I, em 1939, por Haus zum Falken, de Basileia, Suíça.

estudiosos já haviam se ocupado desse assunto. É ao longo de sua obra, porém, na condução da sua teoria sobre o desenvolvimento dos modos de conduta, que se torna possível perceber o emprego do termo "decoro" às primeiras regras de comportamento instituídas ainda na sociedade de corte[35].

Logo no primeiro capítulo do livro sobre a história dos costumes — "Da sociogênese dos conceitos de 'civilização' e 'cultura'" —, em que destaca a antítese entre os conceitos de Kultur e Zivilisation[36], Elias (2011, p. 27), em uma referência à obra do filósofo alemão Immanuel Kant de 1784, apresenta o decoro com sentido de compostura e regras de comportamento, ressaltando: "Cultivados a um alto grau pela arte e pela ciência, somos civilizados a tal ponto que estamos sobrecarregados por todos os tipos de decoro e decência social [...]". Num segundo momento, ainda nesse capítulo inicial, Elias traz à tona novamente o termo como "leis prescritas" ao destacar uma observação de Fontane.

O sociólogo alemão diz que Fontane, ao observar o homem inglês, ressalta como ele está sempre pronto para ser recebido e conceber audiências. "Muda de roupa três vezes ao dia; à mesa observa — e também na sala de estar e de visitas — certas leis prescritas de decoro. É um homem distinto, um fenômeno que nos impressiona, um mestre de quem recebemos lições" (Elias, 2011, p. 48). Outra menção ao decoro é feita por Elias justamente quando apresenta a primeira evidência literária da evolução do verbo civiliser (civilisation). Segundo o autor, esse registro surge inicialmente na literatura, na obra de Mirabeau, na década de 1760.

O escritor (Mirabeau) se dizia surpreso de ver como nossas opiniões são falsas e como nos enganamos no que consideramos ser civilização. Se questionados sobre o que é civilização, a maioria responderia que é a suavização de maneiras, a urbanidade, a polidez, e a propagação do conhecimento de tal modo que inclua decoro no lugar de leis detalhadas: "e tudo isso me parece ser apenas a máscara da virtude, e não sua face, e civilização nada faz pela sociedade se não lhe dá por igual a forma e a substância da virtude" (Mirabeau apud Elias, 2011, p. 51).

---

[35] Sociedade dotada de uma corte (real ou principesca) e inteiramente organizada a partir dela. Constitui uma forma particular de sociedade, cujo regime era centralizado e absolutista, em que o poder era concentrado nas mãos do rei. Refere-se ao Ancien Régime (antigo regime), sistema social e político aristocrático estabelecido na França, bem como ao modo de viver das populações europeias nos séculos 15, 16, 17 e 18.

[36] Elias discute os conceitos de Kultur e Zivilisation no desenvolvimento das relações sociais na Alemanha e França, desde o século 16. Para os alemães, o termo "civilização" é um conceito de segunda categoria, uma vez que não alude a características intelectuais do povo alemão, e sim a comportamentos e atitudes, como é o caso francês no desenvolvimento do mesmo conceito.

Observa-se, nesse caso, que na busca do autor por evidenciar os primórdios do uso do conceito francês de civilisation, a palavra "decoro" já era utilizada com regularidade, e seu sentido, por não suscitar explicações, supõe-se que era bem compreendido. O substantivo "decoro" continua a ser empregado quando Elias mostra que o termo civilité (civilidade) foi cunhado e adquiriu sentido para a sociedade ocidental, no segundo quartel do século 16, por meio do curto tratado de Erasmo de Rotterdam, De civilitate morum puerilium (Da civilidade em crianças), de 1530. O livro de Erasmo trata do comportamento social das pessoas em sociedade e, embora não exclusivamente, "do decoro corporal externo" e teria sido escrito para a educação das crianças. "Embora este decoro corporal externo proceda de uma mente bem-constituída não obstante descobrimos às vezes que, por falta de instrução, essa graça falta em homens excelentes e cultos" (Erasmo apud Elias, 2011, p. 67).

Segundo o sociólogo alemão, Erasmo define em seu tratado todo o espectro da conduta humana, incluindo as principais circunstâncias da vida e do convívio social. Com naturalidade, trata dos assuntos mais básicos e sutis das interações humanas. Traz preceitos que ensinam, por exemplo, como um camponês deve se comportar para limpar a meleca das narinas: "[...] Ninguém demonstra decoro usando a mão e, em seguida, enxugando na roupa. [...]" (Erasmo apud Elias, 2011, p. 67). Ou como compartilhar uma refeição: "Não é muito decoroso oferecer a alguém alguma coisa semimastigada" (Erasmo apud Elias, 2011, p. 68). No primeiro capítulo do tratado, Erasmo aborda as "condições decorosa e indecorosa de todo o corpo", no segundo a "cultura corporal", no terceiro as "maneiras nos lugares sagrados", no quarto o comportamento em banquetes, no quinto nas reuniões, no sexto nos divertimentos e no sétimo no quarto de dormir.

Muitas vezes, ao longo do estudo de Elias, frases destacadas dos códigos analisados reafirmam o decoro como costume enraizado que deveria ser seguido por "atitudes decorosas"; caso contrário seria julgado negativamente ou no sentido da falta de decoro, "indecorosas". Em De les règres de la bienséance et de la civilité chrétienne (Das regras de propriedade e civilidade cristã, em tradução livre), de La Salle, 1729, destaca: "Faz parte do decoro e do pudor cobrir todas as partes do corpo, com exceção da cabeça e das mãos" (Elias, 2011, p. 132). Ou, do mesmo tratado, do capítulo intitulado "Do nariz e da maneira de assoar o nariz e espirrar", evidencia: "É vil limpar o nariz com a mão nua ou assoar-se na manga ou nas roupas. É inteiramente contrário ao decoro assoar o nariz com dois dedos e, em seguida, lançar a sujeira no chão e enxugar os dedos na roupa" (Elias, 2011, p. 132). Da obra de Della Casa, intitulada De galateo, de 1609, também ressalta: "Ouço frequentemente dizer que povos inteiros viveram com tanta moderação e se conduziram com tanto decoro que escarrar tornou-se inteiramente desnecessário para eles" (Elias, 2011, p. 151). E do tratado de Erasmo, De civilitate morum puerilium, de 1530, salienta o trecho: "Quando se despir, quando se levantar, não esqueça do decoro e cuidado para não expor aos olhos de outras pessoas qualquer coisa que a moralidade e a natureza exigem que seja ocultada" (Elias, 2011, p. 158).

Nessa perspectiva, os preceitos da sociedade de corte reaparecem e se refinam ao longo do percurso civilizatório. As regras reafirmam como não cair em tentação e se tornar um glutão em relação à comida, no hábito higiênico de lavar as mãos antes de jantar, os anátemas contra escarrar, assoar-se, o uso indevido da faca, o vestuário, referências às funções corporais, o comportamento sexual. Elias explica que Erasmo, como outros autores que antes e depois dele escreveram sobre conduta, foi acima de tudo um compilador de boas ou más maneiras que encontra a própria vida social.

Elias percorreu diversos períodos históricos analisando como se deu o refinamento das ações dos indivíduos diante de seus pares e a transposição de ações consideradas vergonhosas e nojentas apenas para o plano privado da vida individual. Esse recolhimento de determinadas ações é o resultado da coação entre os indivíduos e do ato de observação de uns sobre os outros.

O sociólogo considera o tratado de Erasmo como um ponto na curva da civilização que representa uma elevação do patamar de vergonha, em comparação com épocas precedentes e, se comparado com tempos mais recentes, à falta de vergonha que, para muitos, pode parecer incompreensível e embaraçosa. Mas, ao mesmo tempo, fica claro em sua obra que esse tratado tem precisamente a função de cultivar sentimentos de vergonha.

Segundo Elias, as inclinações sociais indesejáveis são reprimidas com maior rigor. O embaraço, o temor, a vergonha ou a culpa são sempre associados, mesmo quando a pessoa se encontra sozinha. Grande parte das chamadas razões de "moralidade" ou "moral" desempenham a mesma função que as razões de "higiene" ou "higiénica": induzir as crianças a seguir um determinado padrão social.

A vergonha passou a acompanhar formas de comportamento que antes haviam estado livres desse sentimento. Nesse quesito, enfatiza Elias, ao analisar o hábito de usar camisolas especiais contrapondo o costume de, até então, dormir nu, por exemplo, a nudez passa à esfera íntima e privada e assume, sobretudo para os mais jovens, uma conotação moralística específica, reforçando o sentimento de vergonha. Determinados comportamentos e os valores a eles atribuídos contribuem para alterações na estrutura mental e emocional das pessoas e no autocontrole das ações, emoções e, com efeito, na transformação da personalidade dos indivíduos. Em decorrência, são criados códigos de conduta, garantindo o direcionamento da vida e das relações das pessoas, estabelecendo estilos de vida e formas de visualizar o mundo, explica Elias. Os poemas e tratados são vistos pelo sociólogo como instrumentos diretos de "condicionamento" ou "modelação", de adaptação do indivíduo a esses modos de comportamento que a estrutura e situação da sociedade onde vivem tornam necessários. O autor realça que os paradigmas de conduta social são construídos na interação entre os membros de uma sociedade; portanto, têm um aspecto relacional.

A análise eliasiana mostra que o processo civilizador não segue uma linha reta, ao contrário, é construído, reconstruído e transformado de acordo com a lógica histórica e social. "Em todas as fases ocorrem numerosas flutuações, frequentes avanços ou recuos dos controles internos e externos" (Elias, 2011, p. 178). Nesse processo, a ideia a respeito da redução ou perda da vergonha contrapõe-se ao esforço de escondê-la. Elias esclarece que, nos manuais de comportamento e etiqueta — analisados por ele dos séculos 13 ao 19 —, a vergonha é a emoção mestra no controle do comportamento social e do decoro. Mas, a partir do século 18, ela foi gradualmente menos evidenciada e citada nos próprios manuais, que, na opinião do autor, silenciaram-se no que diz respeito às funções corporais e à sexualidade, por exemplo, dando enfase ao orgulho, ao respeito, à evitação da vergonha e ao embaraço.

A partir do século 19, conforme Elias, as regras do decoro não são mais estipuladas por intermédio do discurso entre os adultos, com a definição de justificativas direcionadas a estes. Incluem também as crianças com o intuito de preservar e reforçar atitudes aprovadas socialmente e marcar aquelas proibidas que acabam por implicar o conceito de vergonha.

Convém ressaltar que Elias se preocupou em entender a interação social pautada por um processo civilizador como um fluxo aberto, mas direcionado, de avanço do limiar da vergonha e da repulsa, e pelas configurações que emergem das relações de interdependência entre os indivíduos, racionalização e diferenciação das esferas sociais, com a consequente diminuição dos contrastes e o aumento das suas variações; Goffman, por sua vez, preocupou-se em desvendar como os indivíduos constroem essa interação, teorizando a indeterminação social, mesmo em mundos sociais moralizados, e os múltiplos sentidos da comunicação em variáveis interacionais tensas e criativas.

Em Ritual de interação: ensaios sobre o comportamento face a face (Goffman, 2011),[37] uma coletânea de artigos resultados de pesquisas realizadas entre 1950 e 1960, baseadas em etnografias que buscam identificar o comportamento de pessoas em situação de interação, o sociólogo vai construindo, ao longo do estudo, as bases para a compreensão do decoro nas relações face a face.

Desde o primeiro ensaio do livro, "Sobre a preservação da fachada: uma análise dos elementos rituais na interação social", em sua análise a respeito do esforço de manter uma atitude coerente diante dos outros, Goffman mostra que na expressão de atos verbais e não verbais a pessoa sustenta um comportamento-padrão, que está diretamente relacionado às regras. Para ele, parece que, em qualquer sociedade, sempre que surge a possibilidade física da interação falada, um sistema de práticas, convenções e regras de procedimentos entra em jogo, funcionando como um meio de orientar e organizar o fluxo de mensagens. Partindo dessa premissa de que as pessoas acabam agindo de acordo com as convenções, também em ocasiões de fala, Goffman aponta que o sujeito demonstra preocupação de como lidar consigo próprio e com outros envolvidos na interação. Essas regras de conduta são construídas em determinada lógica interna e com certos sentidos, podendo ser mantidas ou interrompidas provocando consequências para as interações sociais, como bem ressalta o autor no capítulo "A natureza da deferência e do porte". Nesse ensaio, ele declara que as regras e as punições relacionadas à sua desobediência têm uma importância fundamental como elemento de equilíbrio e de referência significativa de determinado grupo social.

Segundo o antropólogo e sociólogo canadense, a orientação de conduta pode ser definida como guia, que é recomendada não por sua conveniência, economia ou eficácia, mas por ser apropriada ou justa. As infrações resultam em incômodos e sanções sociais negativas. As normas de conduta permeiam todas as áreas e são mantidas em prol da honra. "A ligação a regras leva

---

[37] Título original em inglês: Interaction ritual: essays on face-to-face behavior, de 1967.

a uma constância e padronização de comportamento; ainda que esta não seja a única fonte de regularidade nas atividades humanas, ela certamente é importante" (Goffman, 2011, p. 54).

Nesse desenho de direcionamento das interações e estilos de vida está incluído o decoro, que ganha destaque no final do quinto ensaio, "Sintomas mentais e a ordem pública", como uma espécie de desvio aos códigos reguladores de comportamento. Goffman explica que as regras de conduta face a face que norteiam uma comunidade em particular determinam como o encontro entre duas pessoas deve ser realizado, resultando em uma espécie de "paz do rei". Isso assegura, segundo o autor, que as pessoas considerem umas às outras por meio do idioma de respeito disponível, resguardem seus lugares sociais e seus compromissos interpessoais, e tratem bem a ocasião social. As ofensas contra essas regras são impropriedades situacionais. Essas impropriedades não são, afirma Goffman, em primeira instância, "um tipo linguístico de comunicação interpessoal, e sim exemplos de desvios de conduta públicos — um defeito não na transmissão de informação ou de relações interpessoais, mas do decoro e do porte que regulam a associação face a face" (Goffman, 2011, p. 143).

O autor trata também do decoro em sua obra titulada A representação do eu na vida cotidiana[38]. Nesse estudo, ele anuncia o decoro relacionado à representação social e certifica que a representação de um indivíduo numa região de fachada pode ser vista como um esforço para dar a aparência de que sua atividade nessa região mantém e incorpora certos padrões. Ele divide esses padrões em dois grandes grupos: polidez e decoro.

Os padrões de polidez se referem à maneira pela qual o ator trata a plateia, enquanto está empenhado em falar com ela ou num intercâmbio de gestos que substituam a fala. Já os padrões de decoro tratam do comportamento do ator enquanto está ao alcance visual ou auditivo da plateia, mas não necessariamente empenhado em conversar com ela. Goffman, ao analisar o decoro, estabelece dois subgrupos: moral e instrumental. Segundo ele, os requisitos morais são um fim em si mesmos e, provavelmente, se referem a regras que dizem respeito à não interferência nos assuntos e tranquilidade dos outros, regras sobre a propriedade sexual, o respeito pelos lugares sagrados, entre outros. Já os requisitos instrumentais não são fins em si mesmos e, provavelmente, referem-se a deveres, iguais aos que um empregador poderia exigir de seus funcionários.

---

[38] Título do original em inglês: The presentation of self in everyday life, de 1959, de Goffman, editado por Doubleday Anchor Books.

Mas, ao examinar a ordem mantida em uma dada região, Goffman verifica que tanto a modalidade de exigência moral quanto a instrumental parecem afetar de maneira semelhante o indivíduo, e que ambos são usados como justificativas para a conservação de muitos padrões. Desde que o padrão seja mantido por sanções e por alguém que as exerça, Goffman explica que será de pouca importância para o ator saber se o padrão se justifica principalmente por motivos instrumentais ou morais, ou se lhe pedem ou não que incorpore o padrão.

Reitera o autor que, embora o comportamento decoroso possa demonstrar respeito pela região e pelo cenário, pode também ser motivado pelo desejo de impressionar positivamente a plateia, evitar sanções, entre outros. É importante notar, afirma Goffman, que os requisitos de decoro são mais penetrantes que os da polidez porque, de maneira geral, o decoro está mais associado com a expressão emitida. Para ele, os atores podem deixar de se expressar (ser polidos), mas não podem deixar de emitir expressões (se comportarem).

No que se refere às instituições sociais, apesar de ser difícil, é importante entender e descrever os padrões de decoro que prevalecem. Goffman afirma que é difícil fazê-lo, porque os informantes e os estudiosos tendem a considerar naturais esses padrões, não percebendo que procederam assim até que ocorra um acidente, uma crise ou circunstância peculiar. Em seus estudos, o antropólogo e sociólogo canadense analisa uma série de exemplos de decoro — em escritórios, nas conversas informais de funcionários, em locais sagrados e de trabalho, na simulação de trabalho e da ociosidade — procurando desnaturalizar os padrões.

Ademais do decoro, o autor apresenta outros conceitos centrais como self, ordem moral, ritual de interação, interação simbólica, jogo social, relação linha-fachada, manipulação de identidade e carreira moral, que, nesta pesquisa, especialmente, escolhi me ater à questão do decoro. O termo "decoro" é entendido numa relação binária com a polidez e isso inclui o sujeito, a ordem moral, o ritual de interação, temas tão bem trabalhados na literatura goffmaniana.

Ao atentar para os sentidos atribuídos ao decoro tanto no estudo de Elias quanto nas obras de Goffman, torna-se perceptível que o termo remete a ideias de conduta aceitável, decência, conveniência e, sobretudo, relacionadas à moral. Para melhor compreensão, vale a pena entender o significado de moral. A palavra provém do latim moralis, morale, que diz respeito aos costumes. Ambas vêm da raiz mores, que são o conjunto de normas que define ideias fundamentais sobre o certo e o errado, louvável e repugnante, bom e mau, virtuoso ou pecaminoso, entre outras antinomias do comportamento humano (Johnson, 1997).

O sociólogo, escritor e professor Allan G. Johnson explica que os mores são relevantes não somente porque regulam o comportamento, mas porque a visão moral sobre a qual se baseiam torna-se uma grande fonte de coesão e continuidade sociais em comunidades humanas. Segundo ele, as normas que proíbem o incesto, o assassinato, a traição e outras formas de deslealdade, o abandono das obrigações familiares e a profanação de símbolos religiosos e civis são parte dos mores da maioria das sociedades. Devido à sua relevância, os mores tornam-se leis, com sanções severas, como detenção, exílio, ostracismo e execução.

Johnson apresenta ainda no conceito de mores quatro características básicas do comportamento moral do ponto de vista sociológico: jamais tem o interesse pessoal do ator como objetivo principal; inclui um aspecto de comando, o que faz com que todas as pessoas sintam obrigação de fazer o que é certo; é vivenciado como sendo desejável e dele se tira certa satisfação, prazer; e é considerado como sagrado, no sentido em que sua autoridade é experimentada como além do controle humano. Em síntese, ele afirma que, ao contrário de outros tipos de normas, os mores são considerados imutáveis e inerentes à vida social, e não como uma criação social sujeita a mudança.

Mas na perspectiva dos estudos realizados por Elias, e por Goffman também, o desenvolvimento tanto dos modos de conduta como da moral não é um processo natural do homem, nem um legado divino, pelo contrário, foram construídos por um longo processo de condicionamento e de adestramento. Conforme Elias, a "civilização" que frequentemente nos chega como pronta e finalizada, sem indagarmos como a adquirimos, é um processo ou uma etapa de um processo em que estamos diretamente envolvidos. Todas as características que são atribuídas a ela, como a existência de maquinaria, descobertas científicas, formas de Estado ou quaisquer outras características, "atestam a existência de uma estrutura particular de relações humanas, de uma estrutura social particular, e de correspondentes formas de comportamento" (Elias, 2011, p. 70).

Nesse sentido, essa linha de pensamento que busca compreender o processo de transformação na estrutura psíquica e comportamental dos homens remete à filosofia nietzschiana, que confronta o homem — por meio de um estudo genealógico da moral — para também compreender a origem desses valores (seu nascimento, sua invenção), bem como o valor desses valores. Conforme Nietzsche, precisamos analisar de forma crítica os valores morais e, primordialmente, devemos discutir o valor desses valores. Sendo assim, é indispensável conhecer as condições em que nasceram, se desenvolveram ou foram deformados, "conhecimento tal que nunca teve outro semelhante nem é possível que o tenha" (Nietzsche, 2002, p. 14).

A genealogia nietzschiana contrasta com a ideia de que moral se define como algo imutável. Ao afirmar que tudo veio a ser, para Nietzsche, não existem fatos eternos nem verdades absolutas. Ele critica a falta de sentido histórico dos filósofos e afirma que tudo o que se declara sobre o homem não passa de testemunho sobre o homem de um espaço de tempo bem limitado. "[...] inadvertidamente, muitos chegam a tomar a configuração mais recente do homem, tal como surgiu sob a pressão de certas religiões e mesmo de certos eventos políticos, como a forma fixa de que se deve partir" (Nietzsche, 2002, p. 16).

Conforme o filósofo alemão, foi preciso que pela dor, suplícios, martírios e sacrifícios cruentos, auxílio mais poderoso da memória, o homem fosse educado e disciplinado, para lembrar bem de suas promessas e, com efeito, para que não as descumprisse. O trabalho prodigioso que o autor chamou de moralização dos costumes foi a seu ver o verdadeiro trabalho do homem sobre si mesmo durante o maior período da existência humana, e ganha sua significação e sua justificação, independentemente do grau de tirania, de crueldade e de estupidez que o caracteriza. "Unicamente, pela moralização dos costumes e pela camisa de força social, chegou o homem a ser realmente apreciável" (Nietzsche, 2002, p. 29).

Ainda que Nietzsche tenha trabalhado a coerção e a violência no campo da filosofia, também podemos pensá-las na sociologia de Elias e Goffman. Para Elias, tais conceitos são eficazes na moralização dos costumes, e a abordagem processual deveria ser indispensável para a sociologia ou teorias de outra natureza que se propõem a tratar dos seres humanos e do desenvolvimento progressivo da sociedade humana. Da mesma forma, a coercitividade é uma característica geral atribuída por Goffman às regras sociais. Elas se evidenciam nos modelos ou impressões conceituais do espaço, da linguagem, do jogo, entre outras combinações. Grande parte da obra desse sociólogo é dedicada à observação e descrição de tipos de comportamento que violam as regras de interação social.

Oliveira (1994) considera a moralidade como um dos componentes estruturais da cultura; nesse sentido, constitutivo de qualquer sociedade; e recorre a Simmel para firmar a distinção entre costume e moralidade associando a essa última a razão como elemento essencial. Ainda segundo Oliveira, o costume está relacionado às convenções estabelecidas em uma sociedade e a moralidade é entendida como "ação proba, baseada em princípios". Para o autor, se distinguimos costume e moralidade e aceitamos que a moralidade deve ser orientada por normas sujeitas à argumentação racional, significa que os juízos morais sempre podem ser negociados no interior de comunidades de comunicação, tal como sugere a ética discursiva. Esse entendimento ancora as análises desta investigação.

A partir dessas tradições sociológicas, resultantes tanto dos estudos de Elias sobre as maneiras e os costumes que nos conduziram aos nossos dias quanto da compreensão de Goffman das situações de interação que causam embaraço ou informam quando duas pessoas estão juntas, percebe-se que o decoro — conjunto de normas construídas socialmente em um contexto específico, obedecendo a uma lógica própria que regula o comportamento humano no convívio social, ditando princípios do permitido e proibido pelas convenções sociais — é também resultante desse processo histórico evolutivo do homem e, portanto, passível das mudanças decorrentes dos diferentes períodos de desenvolvimento social.

Elias explica que o motivo que leva à mudança o comportamento e as emoções dos homens é, na verdade, o mesmo pelo qual mudam suas formas de vida. Durante a era medieval, as sociedades desenvolveram formas de vida que obrigavam o indivíduo a viver como cavaleiro, artesão, servo ou gleba. Posteriormente, outras oportunidades e formas de vida surgiram e exigiram a adaptação dos indivíduos. Se pertencia à nobreza, podia levar a vida de cortesão. Mas, mesmo que desejasse (e muitos desejaram), não podia mais levar a vida de um cavaleiro. "A partir de certo tempo, essa função, esse estilo de vida, desapareceu na estrutura da sociedade" (Elias, 2011, p. 193–194).

E como acontece em períodos de transição entre diferentes formas de organização da sociedade, o quadro certamente muda ao se tratar das formações sociais contemporâneas. Como bem retrata Castells (2016), vivemos em tempos confusos e as categorias intelectuais cunhadas no passado para compreender o que acontece à nossa volta podem não dar conta do novo. Desde o final do século 20, inúmeras transformações ocorreram, gerando, como já vimos no primeiro capítulo deste livro, o que o autor chama de "sociedade em rede", ou seja, uma sociedade caracterizada pela globalização das atividades econômicas, por sua organização em redes, por uma cultura da virtualidade real construída por um sistema de meios de comunicação onipresentes, interconectados e diversificados.

Nos espaços virtuais é possível observar uma multiplicidade de conteúdo que é disparado dando um caráter diversificado e difuso ao ambiente, retratando um estilo de vida contemporâneo, sobretudo para os jovens. Como afirma Castells, para centenas de milhões de usuários de internet com menos de 30 anos de idade, as comunidades on-line se tornaram uma dimensão fundamental da vida cotidiana que continua a crescer em toda parte. Na leitura do sociólogo espanhol, nos dias atuais vivemos hibridamente em presença física e virtual nas redes interativas de computadores. O autor explica que devido às drásticas mudanças sociais, com efeito, são notáveis os níveis de complexidade nunca antes atingidos e uma crise que afeta todos os setores da sociedade, bem como os processos de interação social e, consequentemente, a concepção e percepção das regras de conduta, decoro e moral.

Essa crise atinge também o âmago do sujeito pós-moderno, que tem efeito pluralizante sobre as identidades (Hall, 2015), produzindo uma variedade de possiblidades e novas posições de identificação, e tornando as identidades mais posicionais, mais políticas, mais plurais e diversas, menos fixas, unificadas ou trans-históricas, como ocorria em outros períodos da história.

Para o sujeito pós-moderno, ainda segundo Hall, não existe uma identidade fixa, essencial ou permanente. Ela está suspensa, em transição, entre diferentes posições. É formada e transformada por complicados cruzamentos e misturas culturais do mundo globalizado, e torna-se uma "celebração móvel". Assume contornos históricos e não biológicos e o sujeito apropria-se de identidades diferentes em momentos diferentes, às vezes contraditórias, que impulsionam suas ações em inúmeras direções, de modo que suas identificações são continuamente deslocadas. Nesse contexto, é possível verificar os conflitos de identidade, que entre outros elementos estão inscritos no consumo como estilo contemporâneo (Campbell, 2006). Seria justamente em resposta à "crise de identidade" que o homem contemporâneo ou pós-moderno teria se lançado na cultura do consumo para afirmar, confirmar ou até mesmo construir suas mutáveis identidades e estilos de vida.

Nesse cenário de novas formas de sociabilidades mediadas pela interação virtual, pela cultura e economia globalizadas, pelas múltiplas identidades individuais e social, pelo consumismo e narcisismo, a noção de capitalismo informacional globalizado gerador de fluxos materiais e simbólicos, de Castells, conjugada às noções de sujeito pós-moderno, de Hall, e crises de identidade, de Campbell, vão de encontro aos postulados eliasianos e goffmanianos de que o indivíduo, enquanto subjetividade codependente vinculada em figurações sociais móveis — para Elias — e enquanto ator e agente social, jogador do jogo social e imagem moralizada e reflexiva de si e para o outro — em Goffman —, está em constante acomodar-se, manipular-se e reconstruir-se emocional e moralmente.

A mediação das relações sociais pela tecnologia diferencia este momento histórico de outros, como a sociedade de corte, analisada por Elias, e a civilização industrial, época em que se desenvolveram os estudos de Goffman, períodos em que o conceito de decoro já era utilizado. Na sociedade contemporânea, o significado atribuído ao decoro enquanto domínio comum dos costumes tem se tornado cada vez mais complexo e de difícil definição; portanto, lançar mão de autores clássicos das Ciências Sociais, como os aqui referenciados, contribui para mobilizar novas reflexões, tomando-os como base e linha de ancoragem.

Por isso, torna-se relevante o debate sobre o decoro nas redes sociais, a que este livro se dedica, justamente pela importância de conhecer e analisar as relações e processos de interação social experimentados no Facebook, tomado aqui como exemplo, além de compreender os conflitos e as regras existentes em redes sociais que têm se tornado cada vez mais recorrentes na vida cotidiana dos usuários. Trata-se de uma temática contemporânea e complexa e, nesse sentido, desafia várias áreas do conhecimento, sobretudo no que tange às questões éticas e analíticas. Como forma de expressão de uma sociabilidade humana da atualidade, contribui para a compreensão dos agentes que provocam importantes mudanças na sociedade contemporânea.

3.1 DIRETRIZES DA PESQUISA

Tendo o decoro como conceito norteador desta pesquisa e dada a proposta do estudo sobre seus efeitos nas interações comunicativas no Facebook, foi necessário um dispositivo que permitisse mergulhar no ambiente virtual, assim como o etnógrafo se insere no contexto a ser estudado. Nesse sentido, optei pela etnografia virtual[39] ou netnografia[40] como adaptação para o ciberespaço[41] das ferramentas de pesquisa utilizadas para os estudos das interações face a face e similares. Assim como a tecnologia, que avança rumo às inovações, os caminhos a serem trilhados em uma pesquisa precisam se adaptar às dinâmicas e à lógica do cenário em estudo e, no caso do Facebook, da sociedade em rede.

Compreendem-se os estudos de inspiração etnográfica à luz das teorias de Fragoso; Recuero; Amaral (2011), como aqueles que se utilizam dos procedimentos etnográficos de pesquisa adequados ao objeto e objetivos do estudo, não uma simples transposição. Para os estudos das redes sociais na web, esse método é recomendado justamente por se tratar de um modelo de relacionamento e comunicação virtual em que "estão inscritas conversações, práticas e negociações simbólicas cuja observação sistemática e a investigação interpretativa nos ajudam a decompor e desvendar padrões de comportamento social e cultural" (Fragoso; Recuero; Amaral, 2011, p. 168).

Pelo fato de o conteúdo postado na rede social, neste caso o Facebook, ser composto predominantemente por enunciados escritos, com numerosos traços característicos da oralidade conversacional — com atalhos linguísticos, siglas, emoticons, imitação de sons com letras, sinais de pontuação, repetição de signos/ícones —, optei pela interpretação ancorada na análise do discurso mediada por computador — Computer Mediated Discourse Analysis (CMDA) —, conforme abordagem proposta pela pesquisadora Susan C. Herring (2004).

A perspectiva analítica de Herring se torna fundamentalmente relevante a esta investigação por trazer um conjunto de métodos ancorados na análise linguística do discurso, a partir de um foco híbrido, que permite a contribuição de outras disciplinas, como, no nosso caso, a netnografia, no estudo sobre a representação do decoro construída pelos discursos dos integrantes do Facebook.

---

[39] Christine Hine (2004) utiliza o termo "etnografia virtual". Para ela, é uma metodologia ideal na medida em que pode servir para explorar as complexas inter-relações existentes entre as afirmações e previsões sobre as novas tecnologias em diferentes contextos: em casa, nos espaços de trabalho, nos meios de comunicação de massa etc.

[40] Kozinets (2014) define netnografia como trabalho de campo on-line. "Ela usa comunicações mediadas por computador como fonte de dados para chegar à compreensão e à representação etnográfica de um fenômeno cultural ou comunal" (p. 61–62).

[41] "O termo especifica não apenas a infraestrutura material da comunicação digital, mas também o universo oceânico de informações que ela abriga, assim como os seres humanos que navegam e alimentam este universo" (Lévy, 2010, p. 17).

Herring considera a CMDA mais uma abordagem do que uma teoria ou um método único. Ela não se enquadra nas formas tradicionais de estudo do discurso. A proposta, em vez disso, busca ser mais abrangente e mais maleável. Com isso, permite que diversas teorias sobre o discurso e a comunicação mediada por computador sejam revistas e testadas, e que o pesquisador selecione aqueles métodos que julgar mais adequados aos seus dados e questões de pesquisa.

Entre as milhares de postagens e discussões que acompanhei e analisei durante dois anos de imersão em campo, após a separação de uma dezena de situações, selecionei dois casos que, ao meu ver, melhor representam a discussão proposta por esta abordagem acerca do decoro na interação comunicativa no Facebook. Nessa escolha foi determinante que o conteúdo analisado se caracterizasse pela opinião expressa dos participantes da rede social — tantos os autores das postagens no feed de notícias quanto os interagentes acionados a partir dessas postagens — quanto às regras de comportamento social aceitáveis ou não para a situação exposta no feed de notícias ou às interações do próprio grupo, neste caso formado por internautas brasileiros.

O primeiro caso retrata a abordagem de um policial a um transeunte em uma rua no bairro Recanto das Emas, em Brasília, Distrito Federal. A gravação, realizada em 2016, ganhou ampla divulgação e debate no Facebook no ano seguinte, atingindo, até o final de 2019, mais de 14 mil comentários.

O segundo repercute uma ação depredatória a uma estátua de Iemanjá na praia de Ribeirão da Ilha, em Florianópolis, Santa Catarina. O caso, que ocorreu em 19 de setembro de 2019 e registrou mais de dois mil comentários, foi investigado pela polícia como um episódio de intolerância religiosa.

A releitura de todos os comentários, nos dois casos, para o início da análise se deu a partir das postagens mais recentes até o número 2 mil, em cada situação, totalizando 4 mil comentários na ordem em que foram registrados. A partir disso, foram identificadas e destacadas as situações que envolviam o decoro, o que resultou nos conjuntos de comentários relativos a um mesmo tema, objetos da análise e interpretação.

Cabe ressaltar que todo o conteúdo das postagens selecionadas foi reproduzido na íntegra, sem nenhuma alteração, inclusive quanto ao uso de maiúsculas, erros ortográficos e de pontuação, ícones, entre outros recursos utilizados pelos integrantes da rede social para se manifestarem. Esses dados — produzidos durante a interação na forma de comentários registrados junto à postagem — são analisados, nesta pesquisa netnográfica, com o aporte da CMDA, visando priorizar a compreensão e identificação dos elementos temáticos relativos ao decoro.

Para a leitura analítica, levei em conta os enunciados a partir do lugar do qual é dito, os padrões verbais e não verbais expressos nas figuras/ desenhos/maiúsculas, característicos da linguagem multimodal presente na comunicação intermediada pela tecnologia, o caráter emocional ou racional das postagens imediatas apoiadas em juízo de valor, as regras de interação em redes sociais, as situações marcadas por tensão, constrangimento, a organização discursiva dos participantes durante o debate, o sentido atribuído e a visão de mundo explicitados na interação. Ademais, considerei como os interlocutores entram em cena, ou seja, de que forma iniciam seus comentários; como se agrupam, se reconhecem, se estranham e se engajam no debate.

Quanto a sigilo dos nomes dos interlocutores do Facebook, a medida não tem a mesma eficácia que nas conversas presenciais (off-line), pois com os avanços tecnológicos qualquer pessoa é capaz de rastrear, com a ajuda de softwares específicos de busca por palavras — como a Social Searcher[42] —, outra pessoa na rede de computadores. Então, apagar os marcadores de identificação não impede um sujeito determinado de localizar a fonte da informação. Sendo assim, neste livro, optei por identificar os usuários presentes nos diálogos analisados apenas por uma letra maiúscula para dificultar tais ações e estabelecer uma estratégia mais elaborada daqueles que se aventurarem a tentar localizar tais participantes.

Por outro lado, pelo fato de o conteúdo das redes sociais estar público e acessível no ambiente on-line, qualquer pessoa poderá acessá-lo de qualquer ponto remoto e em qualquer tempo, independentemente da vontade do produtor dessas informações. Ademais, acredito não haver negligência quanto à relevância da identidade nas redes sociais porque os usuários, nesses ambientes, podem ser identificados por nomes próprios (verdadeiros ou falsos) ou por nicknames[43] e, para esta pesquisa, acredita-se que o posicionamento e a manifestação discursiva dizem muito mais de suas identidades do que o nome próprio ou fictício na rede social.

---

[42] Ferramenta que permite o monitoramento de conteúdos em diversas mídias sociais. O usuário pode acompanhar o que falam por meio de palavras-chave.

[43] Nome, codinome ou uma mescla dos dois. Usado para identificação de usuários na internet, em programas de bate-papo ou mensagem instantânea.

4

DECORO NO FACEBOOK: ESTUDOS DE CASO

4.1 PRIMEIRO CASO: VOCÊ ESTÁ FALANDO COM POLÍCIA!

Figura 1 – Frame de vídeo da abordagem policial

Fonte: YouTube, 2018[44]

O caso que apresentamos faz referência a um vídeo, de 29 segundos, que registra o desentendimento entre dois homens em uma rua do bairro Recanto das Emas, em Brasília, e que ganhou ampla repercussão no Facebook. A publicação, feita no feed de notícias de um usuário da rede social em agosto de 2017, registrou, até dezembro de 2019, 14 mil comentários, 233 mil compartilhamentos, 7,7 milhões de visualizações e

---

[44] Disponível em: www.youtube.com/watch?v=pYq6IsNEnLM. Acesso em: 15 mar. 2020. Imagem sob intervenção do ilustrador Moreno Palma.

mais de 17 mil manifestações por meio do botão Reactions (Curti, Amei, Haha, Uau, Triste e Grr).

A filmagem mostra um homem branco, de meia-idade, trajando camisa social clara com listras escuras, de mangas longas, colocada por dentro da calça — jeans azul-marinho —, calçando tênis branco com detalhe em preto, abordando um transeunte de pele escura, que aparenta ser mais velho devido à barba e aos cabelos grisalhos, usando uma camisa preta, com as mangas dobradas até a altura dos cotovelos, por fora da calça — jeans desbotado —, com sapatos marrons, carregando uma lata semelhante a um spray de tinta. A rua, com carros estacionados junto ao meio-fio e também sobre a calçada, registra pouca movimentação de pessoas.

O homem de camisa listrada manda o transeunte encostar. "Por favor, encosta ali", diz, abrindo uma carteira, supostamente uma credencial, mostrando-a rapidamente e guardando-a no bolso novamente. O transeunte questiona a ordem e responde: "Que encostar, rapaz? Vai encher seu cu de rola". Com a reação inesperada do transeunte, o homem de camisa listrada o empurra e o derruba no chão, no meio da rua, e grita: "Você tá doido, rapaz? Você tá falando é com um polícia. Não está falando com moleque, não! Respeita!", apontando o dedo indicador para o rosto do senhor que foi abatido. "Respeita você!", retruca o passante, ainda deitado no chão, e com o outro sobre o seu corpo. O homem que se declarou policial continua gritando: "Você está falando com polícia!". O transeunte dá um sorriso irônico e pergunta: "Você é polícia?". O outro responde: "Eu sou polícia, tô falando para você!". O passante questiona mais uma vez: "Tem certeza disso?", apontando o dedo indicador para ele. "Absoluta, aqui ó", responde o policial, retirando o que provavelmente seria sua identidade profissional e novamente exibindo-a próximo ao rosto do transeunte. Em seguida, guarda o documento, se afasta, deixa o passante se levantar e acrescenta: "Você não faz o que está fazendo, não!". Em resposta, o transeunte retruca: "Que que é isso, rapaz?!". Aparentemente, o fato foi presenciado por três pessoas: duas que observavam do outro lado da rua e que não tiveram seus rostos filmados, e a terceira que fez a gravação do vídeo. Por fim, o homem que se identificou como policial diz ao transeunte: "Se levanta e encosta ali. Estou te mandando encostar ali. Estou falando para você que sou polícia! Encosta ali!".

O policial foi identificado pelo autor da postagem como delegado da Polícia Civil do Distrito Federal. O ato da fala do homem que se autodeclarou policial na filmagem: "Você tá falando é com um polícia" nos remete ao texto de Roberto DaMatta (1997) "Sabe com quem está falando? Um ensaio sobre a distinção entre indivíduo e pessoa no Brasil". Explica o autor que esse é um ritual autoritário da sociedade brasileira, especialmente em situação de conflito, para registrar a hierarquia, a separação e o status social dos personagens envolvidos.

A cena postada na rede social mostra a reação do policial, que sentiu sua autoridade ameaçada publicamente em um cenário de disputa e de desordem. O conflito parece se estabelecer, nesse caso, por falha de comunicação e pela performance "à paisana" do delegado, que é incoerente com o papel e a atividade desempenhados e o status de autoridade na escala de valores sociais da cultura brasileira. Com trajes de cidadão comum, naquela situação específica, em uma abordagem que é atribuída aos policiais militares, uniformizados de acordo com o seu lugar de autoridade, dificilmente seria reconhecido como agente da polícia pelo transeunte abordado. Ademais de ser um delegado — responsável por administrar a delegacia, coordenar o trabalho dos policiais civis na investigação de crimes, solicitar prisões, medidas protetivas e auxiliar o trabalho da Justiça —, o policial civil, nesse caso, ocupava um cargo administrativo de chefe de gabinete da Secretaria de Justiça e Cidadania e, por isso, não lhe é exigido o uso de farda que torne visível seu lugar de autoridade policial.

O vídeo é acompanhado pelo texto do autor da postagem: "ABSURDO! O Chefe de gabinete do secretário de Justiça e Cidadania, ************[45], o Delegado ********* da PCDF, AGRIDE IDOSO no Recanto das Emas. Olha só o despreparo desse servidor público. Um verdadeiro absurdo!".

O autor revela seu posicionamento logo na primeira palavra grafada em letra maiúscula: ABSURDO!, algo fora da normalidade, sem propósito, razão ou sensatez; com o uso do ponto de exclamação, sinal gráfico que expressa sentimentos, nesse caso de indignação, raiva e espanto. Ele identifica, no texto, o delegado pelo nome próprio e o vincula à chefia de gabinete do secretário de Justiça e Cidadania, para chamar a atenção dos integrantes da rede social e atribuir responsabilidade também ao secretário pelo ocorrido, singularizando a personagem.

Por outro lado, não identifica o transeunte pelo seu nome próprio, que não é revelado na postagem e nos comentários, mas pelo substantivo

---

[45] Optei por omitir o nome do delegado por decisão ética e metodológica, embora a postagem no Facebook seja pública e tenha gerado milhares de comentários na rede social.

comum IDOSO — pessoa que, devido à idade avançada, requer mais cuidados e atenção —, em letras maiúsculas para destacar a palavra. A interpretação de que o homem é um idoso, embora sua idade não seja explicitada, se dá pelo julgamento da imagem, ou seja, pelo aspecto físico aparente e vestimentas utilizadas. Com a generalização, o sujeito torna-se representante do grupo de pessoas acima dos 60 anos e, portanto, detentor das características que definem os pertencentes à parcela da população nessa faixa etária.

A palavra IDOSO está destacada após o verbo AGRIDE (presente do indicativo do verbo agredir, também em caixa alta), reforçando a interpretação negativa e violenta da ação do policial contra um vulnerável, que, segundo o autor da postagem, não teria preparo adequado para a ação. Cabe ressaltar que o termo idoso será adotado também pelos participantes do debate no Facebook. Milhares de integrantes da rede social expuseram suas opiniões, como nos exemplos selecionados e expostos a seguir:

> N. Pra começar a história o policial (Delegado) fez a abordagem correta, falou educadamente e mostrou a identificação...
> [...] Nesse caso o vídeo está pela metade não se sabe o que o "pobre velhinho" fez, mas só o fato de ter falado para outra pessoa, (independente de ser polícia ou não) VAI ENCHER TEU CÚ DE ROLA...já era motivo pra encher a cara de porrada. Velho bêbado e sem vergonha...apanhou foi pouco. Parem de defender o errado...invertendo os valores. Por isso o Brasil tá essa "M"..."

> [...]

> L. Abordagem totalmente errada, não se identificou e partiu logo pra agressão sem motivo algum que a justifique, abuso de autoridade e despreparo total. Espero que o MP, tome as medidas cabíveis contra a super autoridade! Deve ter esquecido como se deve abordar alguém, lugar de polícia é na rua e não requisitado em gabinete mamando nas tetas do governo.

> [...]

> W. Despreparo é o cacete, o vagabundo diz palavrão com um delegado de Polícia cometendo desacato e a bosta dos esquerdopatas observam o empurram. Acho engraçado que pra faltar com respeito com autoridade o safado é idoso, né?! Pra vagabundo a lei não tem idade, desobediência a uma ordem legal também é proibido. Tem que descer o braço mesmo!!!

[...]

> E. Estou lendo todas as postagens possíveis e verifico a que ponto chegamos: um desrespeita a autoridade policial descaradamente e o outro utiliza a força excessiva desnecessária. Ninguém, mais ninguém foi ao âmago da questão, nossa sociedade está doente, incapaz de ver a realidade deprimente que vivenciamos. Se portam como torcidas de futebol, uma sinto-me da casa, outra do time visitante. Triste, muito triste!

As opiniões se dividem. No primeiro exemplo, sob o argumento da ofensa ao policial, N. justifica sua concordância com a agressão desferida ao transeunte e critica a inversão de valores (certo e errado) ao seu ver. L. se posiciona contra a abordagem policial pela falha na identificação do agente público e abuso da autoridade; W. aponta o desacato à autoridade e questiona que a suposta idade do transeunte não o exime de respeitar o policial, e, por fim, para E. ambos os envolvidos no episódio cometeram falhas durante a interação e a audiência comporta-se como torcida em uma partida de futebol. Percebe-se, no conjunto de comentários, uma disputa de juízo de valores entre os integrantes da rede social sobre quem agiu certo ou errado. Esse é o tom para as opiniões postadas: um quadro de julgamentos da conduta do outro feito a partir de percepções individuais, tendo como base fatores culturais, morais, sentimentais, ideológicos, preconceitos pessoais, entre outros, que refletem, de certa forma, alguns dos parâmetros do decoro para o grupo envolvido nesse debate.

Perscrutando os argumentos nesse caso, identificamos as principais regras desse decoro e seus efeitos no processo de interação na rede social.

4.1.1 Respeitar para ser respeitado

Entendemos o respeito como um valor social que na escala hierárquica das relações e práticas sociais interativas está colocado em um status mais elevado porque diz respeito à alteridade, condutas de reciprocidade, seja nas relações horizontais como no reconhecimento e obediência às normativas sociais e à autoridade. Nas postagens examinadas, o apelo ao respeito como norma de comportamento vai aparecer em inúmeros comentários e situações desse caso. O uso mais comum do termo na nossa cultura é o de respeito ao próximo, ou seja, tratar as pessoas do mesmo modo como gostaríamos de ser tratados, com consideração e deferência, reconhecendo o outro como um ser de direito e deveres individuais e sociais, e que está no plano interacional. O respeito pode também estar ligado ao temor ou receio e se exprimir com relação às leis, à religião, ao desconhecido, ao incontrolável e às autoridades como pais, avós, policiais, entre outras. Nesse caso, respeito torna-se quase sinônimo de obediência, ou seja, submissão à vontade de alguém significante, aceitação de uma determinação, cumprimento de ordem, como fenômeno originário da hierarquia, divisão social, autoridade e legitimidade. Nos seus vários sentidos, torna-se um valor essencial para uma convivência harmoniosa e boas maneiras de convivência. A falta de respeito gera desordem, desequilíbrio, violência e conflitos. Sendo assim, usa-se a premissa de reciprocidade. Vejamos alguns exemplos de como o respeito emerge nos comentários opinativos referentes ao vídeo postado.

> L. Abuso de poder. Respeito é uma troca, não posso exigir se eu não der o exemplo.
>
> S. Falta de respeito com o próximo e abuso de autoridade
>
> N. Falta de respeito dos dois lados, o cidadão por agredir verbalmente e o policias por agredir fisicamente!
>
> R. Grande coisa é ser polícia, não vai ser melhor e nem mais homem do que os outros, muito pelo contrário tem que ter respeito com o povo são eles que pagam o salário dos funcionários dos estados
>
> A. Os que eram pra dar respeito perderam totalmente as estruturas que se deve conduzir ou chegar até uma pessoa, muita falta de educação, despreparo,. Tem que voltar a aprender bons modos boas maneiras de servir a comunidade que pagam os salários deles ou dele.
>
> G. Ele ta é certo, não se tem mais respeito pelas autoridades, e menos pelo próximo, duvido se vocês defensores de otários e cheios de mimimi, quando você estiver cumprindo seu trabalho e vem um folgado e mal educado e manda você encher seu cú de rola, ou outro palavrão qualquer, se você vai dar beijinhos entregar flores pra ele. Isso além de desacato é um desrespeito com o próximo. Há não importa a idade, porque pilantra também envelhece. Parabéns a esse policial, te garanto que esse otário vai medir as palavras antes de mandar alguém encher o cú de rola.

Os preceitos e percepções sobre o respeito estão explícitos nos registros postados no Facebook. Nos excertos selecionados para a análise desse caso, é nítida a noção de reciprocidade sobretudo quando se refere à regra de convivência de ambos os personagens, à posição social ocupada, aos bons modos e boas maneira de relacionamento, e sua importância para a harmonia das relações sociais cotidianas. É possível perceber que os integrantes da rede social focam a conduta dos sujeitos envolvidos na trama apresentada, fazendo julgamento de valor e opinando em relação ao respeito. Nas postagens analisadas, esse princípio vai perpassar todo o debate e será, muitas vezes, associado a outros valores e regras, como se observa no diálogo a seguir, iniciado pelo comentário de A.

> A. - O povo quer Polícia forte, segurança pública eficiente mas não apoia uma ação policial como essa... fico incrédula... o que esse senhor fez foi no mínimo desacato... aliás não se deve tratar ninguém como esse senhor tratou um policial... O delegado se identificou... A reação desse senhor foi correta? Socorro!!! Ou apoiamos e fortalecemos as nossas polícias ou os bandidos vão tomar conta... 😏😏😏😏
> [...]

Nessa postagem, o respeito está relacionado ao status social da autoridade policial e à obediência civil. A interlocutora utilizou ainda uma repetição de emojis de uma carinha com um sorriso no canto da boca, geralmente utilizado como sinal de ironia ou para expressar certa arrogância, sentimento de estar com a razão, de superioridade.

> G. - Deixasse ser com teu pai ou alguém da tua familia pra ver se tu ia ta falando assim
> [...]
> L. - Se empurrasse seu pai, certamente não estava aqui defendendo. Violencia contra idoso é crime.
> [...]

Nas duas respostas à publicação de A., observa-se o apelo emocional, especialmente por se tratar do pai, personagem que, ao mesmo tempo que é uma autoridade para o filho, desperta sentimento de afeição, proteção e amor. Apresentar o pai invoca a subjetividade e o papel social do progenitor.

> A. - Só hj estou vendo inúmeros comentários à minha opinião sobre esse vídeo. Fico estarrecida com a falta de respeito de alguns, suposição de outros. Se fosse meu pai, ele jamais trataria um policial com tanto desrespeito, ele já é falecido e tinha muito educação e consideração pela polícia que é

> quem põe a vida em risco pra proteger a sociedade. Existe ser humano lixo em qualquer profissão e lugar, mas enquanto o povo criticar, debochar, desrespeitar a polícia, a bandidagem vai deitar e rolar. Depois não adianta reclamar não. Quem quer ser respeitado em suas ações e opiniões precisa aprender a respeitar primeiro. [...]

A., após observar diversos comentários, emite a sua opinião relativizando o fato ocorrido, atentando para o capital social, para as normas e papéis sociais. De toda forma, via de regra, a família é o primeiro núcleo social responsável pela conduta das pessoas, pelas orientações direcionadas ao comportamento social ético, responsável pelos sentimentos e costumes que estão na base dos relacionamentos e da vida pública, e pelas regras de convivência. Sendo assim, a família é um dos pilares para a construção e prática do decoro. Ao defender o chefe do seu núcleo familiar e os ensinamentos e valores que representa, ela busca manter a impressão de que vive à altura dos padrões utilizados para seu julgamento nessa situação.

Para além dos conteúdos acerca das publicações nas redes sociais, existem também aqueles que, por diferentes motivações, registram mensagens soltas e fora do contexto do debate, que podem motivar reação, instigar raiva e ofensa. Como exemplo, podemos citar J., que participava do fórum dessa discussão com A.:

> J. - Vc deve fazer dieta a base de merda, energumena.

A agressão verbal de J. está relacionada ao desprezo, chegando ao extremo de considerá-la energúmena (imbecil, idiota, ignorante etc.), colocando-a no lugar de não humano, desqualificando-a. Talvez pelo fato de ser uma postagem fora de lugar, ela não produziu nenhum efeito ou reação dos demais participantes além de A., que interpreta essa mensagem como uma ofensa pessoal, especialmente no quesito respeito. Vejamos:

> A. - J. vc é um senhor, e completamente sem educação... retribuindo o seu tratamento, quem faz dieta de merda é vc, «energúmeno.» Quem não sabe respeitar tem que estar preparado pra ser desrespeitado. Foi o que aconteceu com o outro senhor, boca suja como vc.

É possível observar que A., ao se referir a J., usa o tratamento "senhor" (empregado para se referir a homens mais velhos, indicando deferência, e que deveria, por isso, dar exemplo de respeito) e "sem educação" (grosseiro, indelicado, arrogante) e se utiliza dos mesmos xingamentos proferidos pelo agressor (como retribuição) para rebater o ataque e, com isso, mostrar a J. que, como o transeunte abordado pelo delegado (no post no feed de notícias do Facebook), ele também faltou com a educação e ambos desconsideraram uma das regras básicas do decoro social: respeitar para ser respeitado.

Ao final do debate, A. volta a reforçar a fala de uma apoiadora:

> I. – A. apoiada, resumindo para essas pessoas que criticaram sua opinião referente o video, pra quem será que eles ligam quando um bandido entram na casa deles, roubam seus pertences ou ainda ocorre um acidenre fatal???? POLICIA. Minha familia respeita a policia, eu mesma já fui parada varias vezes, abro o vidro do carro, entrego os documentos, já fiz bafometro muitas vezes e sempre com todo respeito agradeço e sigo viagem. QUEM NÃO DEVE NÃO TEME.
>
> A. – I. exatamente, cidadão de bem tem nada a temer...

I. demonstra sua aprovação aos argumentos de A., ressaltando o discurso da autoridade e da obediência. A frase "QUEM NÃO DEVE NÃO TEME", em letras maiúsculas, dá a entender que a pessoa está fazendo um registro agressivo, impositivo, termo muito usual entre os brasileiros, nesse caso associado à consciência dessa obediência à autoridade formal, ou seja, quem não tem culpa de ter feito algo incorreto não tem medo de ser punido. A punição a que as pessoas podem ser submetidas é uma medida de controle em caso de descumprimento de uma lei ou norma social.

Parece haver, tanto na frase de I. quanto na resposta de concordância de A., "cidadão de bem tem nada a temer", uma insinuação de culpa. Presume-se a culpa com base em elementos indiciários, ou seja, no comportamento do transeunte, que se recusou a submeter-se à abordagem do delegado.

No próximo bloco de postagem, uma categoria importante será associada ao respeito, de maneira especial a condição de idoso, que, na legislação brasileira, é definido pela idade superior a 60 anos. No discurso popular é usual considerar o centenário, ancião ou velho.

4.1.2 Respeito ao idoso *versus* canalhas também envelhecem

Mesmo não sendo explícita a idade dos envolvidos no caso apresentado pelo vídeo postado no Facebook, a suposição de o homem abordado pelo delegado ser um idoso trouxe para o debate o respeito ao idoso e ao mesmo tempo o desrespeito praticado pelo suposto idoso em relação ao policial. Além de a deferência às pessoas de idade avançada estar na base da formação moral dos cidadãos, geralmente introduzida pela família e pela escola — primeiras experiências de vida em sociedade e, portanto, fundamentais como espaço de aprendizagem dos valores morais —, o Estatuto do Idoso (Lei 10.741/2003[46]) prevê, no seu artigo 3º, que o respeito seja assegurado ao idoso, como um direito, ao lado de outros direitos (à vida, à saúde, à alimentação, à educação, à cultura, ao esporte, ao lazer, ao trabalho, à cidadania, à liberdade, à dignidade, à convivência familiar e comunitária), pela família, pela comunidade, pela sociedade em geral e pelo Poder Público.

No caso em análise, se por um lado o respeito aos mais velhos será argumento para o julgamento e defesa do transeunte no debate, por outro o questionamento dessa regra será a justificativa dos defensores de que idade não é sinônimo de respeito e boa índole. A frase "canalhas também envelhecem" será uma das principais premissas desse grupo. O quadro a seguir confronta as alegações do respeito ao idoso e os fundamentos para a desconstrução desse conceito.

Quadro 1 – Construção e desconstrução do respeito ao idoso

Respeito ao idoso	Canalhas também envelhecem
T. Se fosse eu dava uma pesada no estômago dele pra aprender a respeitar os idoso bicho nojento […] B. Por mais que seja Policia, não lhe dá o direito de agredir ninguém quanto mais um Idoso, realmente para você conhecer alguém de poder a ele...essa é qualidade de nossos políticos […] J. Despreparado e adusivo.. Não faz isso nos morro do Rio. Faz com um pobre idoso indefeso […] M. Dá nojo ver esse tipo desrespeitando um idoso.	M. DEFENDER VELHO COOZÃO MAL EDUCADO É O CARALEO, VAI SEE PHODER BANDO DE MERDHAS, TINHA DE TER MANDADO A MÃO PRA CARA DESSE LIXO AÍ NO CHÃO, CABELO GRISALHO NÃO É SINÔNIMO DE RESPEITO... VÃO SEE PHODER!!! […] E. Antes de acusar...observe que foi solicitado com educação ao senhor que respondeu com palavras de baixo calão, antes de alegar idade, observe-se que os canalhas também envelhecem. […]

---

[46] Disponível em: https://presrepublica.jusbrasil.com.br/legislacao/98301/estatuto-do-idoso-lei-10741-03. Acesso em: 16 mar. 2020.

Respeito ao idoso	Canalhas também envelhecem
[...] K. Polícia burro não conhece o estatuto do idoso se eh polícia deve ter sido treinado como abordar idoso 😠 [...] Q. Eu trabalho na segurança privada e nem tudo se resolve na porrada. até porque agressão verbal não é porrada .e o máximo que o delegado poderia fazer era prende-lo por desacato e pronto sem precisar empurrar o que poderia ter causado à morte do idoso se viesse à cair com a cabeça no chão.	P. As pessoas não prestaram atenção no início, o fato de ele ser " Idoso" já causou revolta, ser IDOSO não significa ter boa índole, só idade mais avançada, pois o país está cheio de "idosos" pedofilos, assassinos, tarados e por aí vai !!! [...] S. Ele se identificou mostrou a carteira de+. polícial , colocou no bolso , e o idoso sem educação chingou o policial, aí ele teve q mostrar novamente a carteira , é idoso mas não presta , os canalhas tb envelhecem , deveria ter conversado com o policial e não chingado , mesmo se o policial não tivesse se identificado , Educação é bom né [...] C. Não respeite o homem só por seus cabelos brancos pois os canalias tbm envelhecem ! E outros já são babacas jovem [...] R. Polícia não pode ser frouxo, esse cidadão deve ter feito alguma coisa errada, Canalhas também envelhecem

Fonte: o autor, a partir das respostas à postagem no *news feed* do Facebook

As postagens selecionadas a favor mostram as reações à inobservância ao decoro, ou seja, às regras e lei de respeito ao idoso nas manifestações de reprovação à ação policial, nos questionamentos ao poder de agredir uma pessoa idosa, o despreparo e abuso do servidor público, que será também chamado de bicho (desprovido de humanidade) nojento (que causa aversão, náusea) e burro (desprovido de inteligência, comparado a um animal, sem humanidade). Nos registros, percebe-se também a associação do respeito ao idoso à carência, à dependência, à vulnerabilidade (pobre idoso indefeso); à fragilidade física (poderia ter causado a morte do idoso se viesse a cair com a cabeça no chão). Um dos interlocutores utiliza ainda um emoji que expressa raiva para demonstrar sua repulsa e indignação à atitude do policial.

Em contraponto, nas publicações do quadro "canalhas também envelhecem", observa-se a desconstrução da regra de respeito ao idoso como princípio, são acionados adjetivos para desqualificá-lo como pessoa digna de respeito, como velho cusão (velho no sentido de imprestável, improdutivo, ultrapassado; e cusão — pessoa de mau caráter, que se aproveita de sua condição ou situação para tirar vantagem), mal-educado (grosseiro, rude) e lixo (que é sujo, inútil, descartável). A frase "CABELO GRISALHO NÃO É SINÔNIMO DE RESPEITO" demonstra que o envelhecimento (representado aqui pelo embranquecimento dos cabelos) não impede que uma pessoa tenha atitudes reprováveis em relação a outra, portanto, não merece respeito. As letras maiúsculas em todo o texto da postagem, além do uso da expressão "VAI SEE PHODER BANDO DE MERDHAS" (vai se foder — xingamento com o mesmo sentido de vai se danar, vai se lascar, se dar mal; bando de merdas — no sentido de pessoas sem serventia, insignificantes), dão o tom agressivo e suscitam a sensação de que o interlocutor está esbravejando.

O uso da expressão "canalhas também envelhecem" — frase memorável do escritor Rui Barbosa —, atribuída por um dos interlocutores ao longo das postagens, sugere que, se alguém viveu a vida como canalha — ou seja, como um mau-caráter, desonesto e vil —, essa condição permanece até a velhice. O passar dos anos e a experiência acumulada de vida, por esse ponto de vista, não suavizam os defeitos e nem mudam as atitudes da pessoa. Na mesma linha, a frase "ser idoso não significa ter boa índole" sinaliza que o ato de envelhecer não corresponde diretamente a uma alteração de caráter, ou seja, envelhecer não torna a pessoa do bem. No diálogo a seguir, J. vai usar esses e outros argumentos para justificar o valor moral que está implicado no conflito.

> J. Velho imundo! Não sei como tem gente que ainda defende um imundo desses. O cara ainda foi legal, merecia um balaço na boca para aprender a respeitar as pessoas. Vagabundos também envelhecem...
>
> M. Tu è ridícula
>
> G. Podia ser teu pai sua asquerosa..
>
> J. Com certeza não seria meu Pai, pois meu Pai não é imundo e boca podre igual a esse seboso. Só enxergo uma asquerosa aqui VOCÊ, que não tem vergonha em defender um velho boca podre. #VagabundosTambémEnvelhecem

J. M. melhor ridícula à seus olhos do que defensora de vagabundo velho. #VagabundosTambémEnvelhecem

L. Sua vadia

J. L., acabei de chegar do trabalho, só consigo ver uma VADIA aqui VOCÊ, pq pra defender um velho seboso desses só sendo igual a ele. #VagabundosTambémEnvelhece

J. Cada um tem o que merece, não é pq é idoso que deve ser respeitado. Todos nós independente de idade merecemos ser respeitado. Velho desbocado, imundo... Não desejei mal, apenas disse que o policial está mais que certo, se ele fosse com essa boca podre pra cima de uma pessoa mais esquentada poderia comer bala para lavar a boca. O que Deus tem haver com essa imundície?

J. expressa sua opinião de forma colérica e desencadeia uma série de diálogos com xingamentos e respostas ríspidas. Nessa sequência de postagens, na sua avaliação para o transeunte apresentado pelo vídeo, ela usa "velho" associado a "vagabundo", "debochado"; reforçando o preconceito associado à palavra "velho" como imprestável, ultrapassado, sem ocupação, e que não leva nada a sério, que vive caçoando. Externa ainda seu nojo e repulsa ao associar a palavra "velho" aos adjetivos "imundo", "seboso" e ao termo "boca podre", sinônimos de sujeira, de putrefação, de algo estragado, em decomposição. Além disso, incita a violência física ao dizer que o suposto idoso "merecia um balaço na boca". Utiliza várias vezes a expressão "vagabundos também envelhecem", com hashtag (símbolo gráfico também conhecido como jogo da velha), recurso usado em uma postagem para atrair mais pessoas, ganhar mais engajamento, e agrupar palavras em categoria específica para facilitar sua localização. Nesse caso, ela adapta a frase original (canalhas também envelhecem) e substitui a palavra canalhas por vagabundos, utilizadas como sinônimos.

Na reação agressiva de seus interlocutores, ela é chamada de ridícula (esquisita, digna de riso), asquerosa (suja, nojenta, sórdida), e vadia (desocupada, promíscua, que possui modos de vida considerados amorais). J. responde às acusações recebidas com os mesmos xingamentos que lhe foram direcionados, criticando os interlocutores por apoiarem o transeunte e reforçando seu ponto de vista quanto ao suposto idoso. Além de comparar seus defensores ao "velho" personagem do vídeo, atacando e desconstruindo a imagem estereotipada do passante, age como se a sua concepção sobre a atitude condenável dele garantisse-lhe o direito de tratá-lo com desrespeito e agressividade. Na troca de mensagens seguinte, J. é questionada por sua violência e busca justificar com a lei da ação e reação.

> P. Mas para quer tanta violencia, um balaco na boca. se ele tivesse falado com jeito com o idozo nao tinha ouvido bobagem, madar alguem encosta sem se idetificar tem mais quer ouvir bobagem.
>
> A. Exatamente J. P.
>
> J. Mas não é violência e sim lei de ação e reação. Você já se colocou no lugar do policial? As pessoas tem em mente que idoso, menor, deficientes, pessoas com problemas mentais e gestante merecem mais respeito e cuidados que qualquer outra pessoa. Eu n concordo, já vi histórias terríveis de todos esses, inclusive uma pessoa com atestado psiquiátrico que se vale disso para ser pedófilo, idosos que praticam zoofilia e pedofilia, gestantes que traficam se valendo da barriga, que assaltam e menor nem se fala né, cometem atrocidades todos os dias, o dia todo, mas tem o respaldo da idade e da justiça morta do nosso país.
>
> [...]

A expressão "lei da ação e reação" integra o grupo de termos (causa e efeito, semeadura e colheita etc.) que no nosso cotidiano é utilizado para afirmar que tudo que fazemos tem uma consequência, uma reação, uma resposta. J. usa uma analogia entre a lei da física (de Newton) e a regra de convívio social para mostrar que a intensidade que usamos em nossas ações direcionadas ao outro nas interações provoca outra ação (reação) em resposta, com a mesma intensidade, dirigida de volta a nós. Com isso, ela faz referência à violência física na mesma proporção da agressão verbal desferida pelo transeunte à autoridade policial.

Ela busca ainda reforçar sua argumentação com exemplos de supostas histórias de pessoas que, embora seja comum à sociedade requerer a elas mais atenção e respeito — como gestantes, menores, deficientes etc. —, também cometem crimes e atrocidades. Nessa linha de raciocínio, busca agregar elementos para sua justificativa de que o respeito aos idosos e a outros grupos — muitas vezes classificados como minorias — não deve ser uma regra que se sobreponha ao respeito a todos, independentemente de idade ou outra condição. Na sequência, na última mensagem do diálogo entre N. e J., P. usa como exemplos o médico Roger Abdelmassih e os canibais de Garanhuns:

N. J. você é uma pessoa podre! Você falando em respeito? Imagino eu, que você não herdou a educação dos seus avós! Se você tivesse herdado a educação dos seus avós, você não estaria atacando um ancião, porque ele falou algumas palavras sem nexo. O que significa a palavra Cu? O que significa a palavra rola? Que diabo de dicionário que você tem na sua casa? Você é tão ignorante quanto este delegado. Ainda bem que gente como você nunca sai do lugar. Vai envelhecer e morrer com esta mentalidade pobre.

J. Vc n me conhece, n sabe nada da minha vida, quem n sai do lugar é vc, com essa sua hipocrisia... Meus avós foram grandes seres humanos. Ancião? Cadê o ancião? O que vejo no vídeo é um velho vagabundo, imundo, mau caráter... Quer dizer que pra vc "encher o cú de rola" são palavras sem nexo? O dicionário que tenho em casa não ensina que devo sair por aí ofendendo as pessoas. Meus Avós e meus Pais n me ensinaram a tratar o próximo com esse palavreado imundo. Agora, eu não tenho nada haver com sua vida e com sua educação. Se vc gosta de encher seu cú de rola, aí o problema é seu, creio que se vc fosse uma policial e fosse abordar um Ancião educado desses, vc iria adorar ouvir essas belas palavras e iria fazer o que ele mandou né? #Hipocrisia

N. J., você falando em respeito? Que diabo de dicionário você tem em casa? Você infelizmente não herdou a genética, educação e cultura dos seus avós! A sua cultura e tão pobre quanto do delegado! Que pena que você não foi capaz de herdar a educação destes avós que você tenta se espelhar. Nem tenta me enviar seu dicionário pobre que você tem na sua mente. É tão pobre que você criou um perfil fake. Adeus Querido.

J. N. perfil fake? Você só pode tá bêbada ou drogada igual ao bom velhinho que vc defende. Não preciso me esconder atrás de fakes. Se pra vc ser rica em cultura é defender velhinhos bandidos, pedofilos, mau caráter... Prefiro ser sem cultura alguma e ter meus princípios de educação e respeito. Pra seu governo n sou querido e sim querida MULHER. O velho escroto do vídeo deve ser igual seu pai seu avô seu macho né? Velho nojento merecia no mínimo um soco na cara pra engolir alguns dentes. Tá se doendo por ele, leva pra casa, vc já deve tá acostumada a conviver c esse tipo de gente c essa boca limpa e toda essa educação. Sem mais Querida.

[...]

P. N. Você deveria pensar duas vezes antes de falar. Ou você é burra ou ignorante !!! Ou deve ser do tipo de pessoa que se acha politicamente correta !!! Mas no fundo é uma hipócrita que não sabe o que fala nem tem discernimento sobre o que diz. Vá se consultar com o médico Roger Abdelmassih !!! Ele é velhinho também !!! Sua hipócrita !!! Drogada e bêbada é você !!! Aprenda a ler e vá procurar se informar melhor !!! Ou procure um tratamento psiquiátrico !!! Porque se um vídeo não consegue fazer você distinguir o certo do errado, você precisa, urgentemente, de um tratamento !!!! Mas se você não se convenceu, que tal você chamar os canibais de Garanhuns pra jantar na sua casa ? Acho que a velhinha que esquartejava os corpos pra depois preparar as coxinhas pode até lhe ensinar algumas receitas !!!! HIPOCRISIA NOJENTA !!!!!

P. sai em defesa de J. e, além de atacar a imagem de N. e tentar desqualificá-la ao debate com o uso de termos como "burra" (desprovida de inteligência, desumana), "ignorante" (pessoa que ignora a opinião alheia, que pensa que só ela está certa, e que só a opinião dela é válida), "hipócrita" (falsa, fingida, que faz coisas que na verdade não faria em outra situação), traz ao debate exemplos de crimes hediondos cometidos por idosos para agregar prova de verdade e probabilidade de que o personagem do vídeo possa fazer parte desse mesmo grupo e de que envelhecimento não é sinônimo de virtude. Numa atitude agressiva, manda N. se consultar com o médico Roger Abdelmassih, especialista em reprodução humana, condenado em 2010 a 278 anos de prisão por 52 estupros e quatro tentativas de estupro a 39 pacientes, enquanto estavam sob efeito de sedativos. E ressalta, "Ele é velhinho também!!!", usando de deboche.

Em seguida, P. acusa N. de ser hipócrita novamente e reforça os xingamentos de J. de que ela está bêbada e drogada (pessoa dependente de substâncias entorpecentes lícitas e ilícitas e que está sob seus efeitos, portanto, fora de controle de suas atitudes), ignorante e que tem problemas mentais e, por fim, sugere que ela convide os canibais de Garanhuns para jantar na sua casa e aprenda receitas com a "velhinha que esquartejava os corpos". Canibais de Garanhuns é como ficou conhecido o trio de criminosos preso em 2012 e condenado por assassinar, esquartejar, consumir e vender carne humana e salgados recheados com carne humana no agreste de Pernambuco. Na época, o casal Jorge Beltrão da Silveira e Isabel Cristina Pires da Silveira, ambos com 51 anos, moravam com Bruna Oliveira, 22 anos, e formavam um triângulo amoroso. De forma agressiva, P. quer provar a N. que nem todos os idosos merecem o mesmo tratamento e busca reforçar o pensamento — comum entre outros integrantes dessa discussão — cuja premissa se fixa no lema "canalhas (covardes) também envelhecem". Ele encerra seu comentário na postagem com as palavras "HIPOCRISIA NOJENTA!!!!!", em letras maiúsculas, recurso usado quando a pessoa quer dar a entender que está esbravejando ou gritando, e com a repetição de pontos de exclamação — nessa e em outras frases da postagem — para expressar sua raiva e descontentamento.

Nesse trecho do diálogo, ressalta-se também o tema "família" quando N. põe em dúvida que J. tenha herdado a educação dos avós. Postagens no debate recorrendo aos pais e avós, seja em apelos a favor do transeunte ou em argumentos contrários, são citações comuns ao longo dos comentários lidos e observados em campo. Percebe-se a relevância desses representantes da instituição familiar quando se quer acionar padrões e valores morais herdados da família. Nesse sentido de herança, o termo "ancião", utilizado por N. durante a interlocução, é questionado por J. Enquanto o termo "ancião" está associado ao homem de idade que acumulou experiências e vivências ao longo dos tempos e que, por isso, deve ser venerado e respeitado, o termo "velho" ganha um tom pejorativo, de pessoa imprestável, ultrapassada e ociosa.

A acusação de N. de que o perfil de J. é fake (falso) também inflama a discussão. Os perfis falsos são feitos por pessoas mal-intencionadas com o objetivo de enganar outros usuários, aplicar golpes ou disseminar informações e notícias inverídicas. Essa acusação, além de atacar diretamente a imagem/identidade da usuária, põe em xeque sua opinião, credibilidade, índole e caráter. Os termos com os quais os usuários do Facebook concordam ao ingressar na rede social (que muitas vezes nem são lidos) são bastante claros quanto aos perfis falsos. Segundo os Padrões da Comunidade[47], que detalham as regras para o uso do Facebook, não são permitidas representações falsas na plataforma. Entre as proibições estão o uso de data de nascimento e identidade ilegítima, além da apropriação de imagens de terceiros com o objetivo explícito de enganar as pessoas.

Ao se despedir, N. usa: Adeus, Querido!, no masculino, colocando em dúvida também o gênero sexual de J. O adjetivo "querido", embora tenha um significado positivo (pelo tom afetuoso), soa aqui como rude e ofensivo, por tratar uma mulher como homem, e irônico, caracterizando um eufemismo.

---

[47] Disponível em: https://www.facebook.com/communitystandards/introduction. Acesso em: 21 mar. 2024.

Em resposta às provocações, J. ataca a imagem da interlocutora dizendo que ela só pode estar bêbada ou drogada igual ao bom velhinho que defende. Ao insinuar que N. se entrega à embriaguez e às drogas, busca de maneira negativa trazer prejuízo à reputação e ao poder de julgamento dela. Usa de ironia com o emprego do termo "bom velhinho" e compara N. ao alvo de seu desafeto. Reafirma sua feminilidade com a palavra MULHER, em letras maiúsculas; e compara o "velho escroto" (associando a palavra "velho" no sentido de imprestável, inútil, com o termo "escroto" — indecente, medíocre, sacana) ao pai, avô ou macho (no sentido chulo de amante, amásio) de Neusa para ferir a honra e sua família.

Curiosamente a palavra "casa" é recorrente nos diálogos, seja quando se refere ao tipo de dicionário que se tem em casa, jantar na sua casa ou "tá se doendo por ele, leva para casa", uma variação da usual expressão comumente utilizada pelos brasileiros: "tá com dó, leva para casa", repetida por pessoas que priorizam seus interesses em detrimento aos dos outros, principalmente quando se trata de pobres e minorias; por aqueles que ficam sem argumentos e querem impor seus pontos de vista e, também, por pessoas que querem se eximir de responsabilidade em questões sociais coletivas. O sentido atribuído à casa é de unidade de habitação onde são construídos valores morais, identidades, princípios morais e éticos, formas de visualizar o mundo, laços de parentesco e afetivos. Nos excertos examinados, as referências à casa e à família têm um conteúdo moral e de regra de decoro.

Encerra sua fala "Sem mais, Querida", usando "querida", no feminino, no sentido de revidar de forma elegante em vez de usar de grosseria para deixar o outro desconcertado e envergonhado por sua atitude, mas ainda assim ocultando um eufemismo.

Já o significado das palavras contidas na expressão "encher o cu de rola", mencionadas na interlocução entre N. e J., será contemplado no próximo tópico por estar diretamente conectado à regra de decoro e ser tema de outros debates estabelecidos entre os integrantes da rede social, provocados pela postagem do vídeo.

4.1.3 Não fira a hombridade alheia

O próximo argumento apresentado pelos interlocutores no debate está fundado na reprovação ao insulto à hombridade de uma pessoa. Um dos principais motivos para a desaprovação da atitude do transeunte na abordagem pelo policial, por integrantes da rede social, foi o uso da expressão: "vai encher o cu de rola", xingamento que está no grupo das ofensas que, na cultura brasileira, entre outros sentidos, indica o desprezo e visa atingir e afrontar a masculinidade. No trabalho de campo, observei a repetição da expressão nos depoimentos, como nos exemplos destacados:

> A. Ele tinha q ter ganhado era um murro na boca onde já se viu vc nem conhece o cara nem sabe quem é e vai mandando o cara encher o cu de rola tinha q ter levado um monte de murro da boca pra ficar esperto e aprender ter respeito com as pessoas se ele fez isso com um policial imagina com as outras pessoas na rua não deve ter um pingo de educação com ninguém.
> [...]
> J. Quer seja ou não polícia ms o cidadão falto com respeito. Com palavras debaixo calão. ACHO o cidadão por ser idoso não tem direito de ofender a moral de um homem.
> [...]
> L. Porra mais como outro falou com ele encher o anos do outro de rola o qual o homem e homem não leva pra casa um desaforo desse eu só que o senhor perdeu sua razão quando já chega ofendendo devemos respeitar todos independente de que seja mais ofender não.
> [...]
> D. Onde se já viu falar para um homem hétero encher o cú de rola sou contra agressão mas esse mereceu
> [...]
> R. O velho ta errado de mandar o cara encher o cu de rola tinha que fazer isso mesmo falta de respeito que nojo
> [...]
> K. Se o cara for homem. Ele vai fazer o mesmo que oh policia. Agora se o cara. Gostar de rola no cu. Ai ele vai ficar de boa. Se fosse eu. Tinha era dado uma porrada

A expressão foi associada a outras questões além do sentido simbólico da ofensa, insulto e dúvida sobre a masculinidade, na acepção de heterossexualidade; assim como falta de respeito, ataque à moral e à honra, desaforo, nojo; e coloca em pauta a coragem, valentia e a dignidade do sujeito. "Vai encher o cu de rola" remete a uma relação sexual entre pessoas do mesmo sexo e significa literalmente introduzir um pênis no ânus, podendo causar dor, nojo, repulsa, incômodo e/ou humilhação ao indivíduo ou a quem o termo é dirigido ou prazer daqueles que aderem à sua prática. Na cultura brasileira, decorrente de todo o processo sócio-histórico, o machismo e o sexismo são traços marcantes, por essa razão dizer a um homem para "encher seu cu de rola" é o mesmo que chamá-lo de homossexual ou questionar sua hombridade.

Por outro lado, apesar de ter sido observado nas análises das publicações que o uso da expressão pelo transeunte contra o delegado tenha sido considerado ofensivo e julgado inapropriado e condenável por parte dos integrantes da rede social, os próprios membros que compartilham o Facebook, que criticam seu uso, utilizam a expressão para ofender e humilhar uns aos outros. Vejamos os diálogos a seguir:

P. Quem defende esse "velhinho" deve ser porque se agradou com a frase 'vai encher seu cu de rola', mas só pra esclarecer isso foi um desrespeito grande, e vocês não sabem o motivo do policial ter mandado ele encostar. Mas pra vc que está defendendo ele deixo meu recado pra vc VÁ ENCHER SEU CU DE ROLA!

[...]

C. Policial que age assim, depois não sabe porque amanhece com a boca cheia de formiga na rua.

P. C. vá encher seu cu de rola.

[...]

C. P. pela sua educação é nítida e notória sua índole e caráter. Não me espanta você defender covardia. Passar bem

P. C. eu só imaginei que você tivesse gostado da bela frase desse senhor.

[...]

A. qualker coisa q ele tenha feito nao justifica esta atitude.. vc deve ser um analfabeto sem educacao...

P. Eu não te fiz nada e você me vem com ofensa, como quer criticar o policial por sua atitude? Quer saber? A. vá encher seu cu de rola.

P. Sai daí hipócrita. Não sou tão baixo quanto você, e nem tão analfabeto vai aprender escrever.

A. O cara q se diz policial n passa de um covarde e despreparado. Se vc n concorda então vá encher seu cu de rola!
[...]

D. Vai toma no meio do seu cu seu filho da puta, duvido não que vários colega teu deve fala tanta merda pra você e você ainda acha graça arrombado, me traz um parente seu de idade e manda fala isso pra mim se eu senta porrada se vai da razão pra mim filho da puta?
[...]

P. D. você é contra a agressão do policial, mas suas palavras de agressão são bem piores, imagine se você tivesse no lugar do policial? Você é um descontrolado.

P. abre seu comentário com provocação e ofensa aos defensores do transeunte (a quem ele chama de velhinho no sentido pejorativo), usando o verbo pronominal "se agradaram" para dizer que gostaram, sentiram prazer, se satisfizeram com o xingamento. E encerra com um recado aos seus opositores, repetindo o mesmo: "VÁ ENCHER SEU CU DE ROLA!". Registrada com letras maiúsculas, a frase soa como um grito ou registro agressivo e, de certa forma, revela sua predisposição a colérico no contexto do diálogo.

C. não responde diretamente a P., mas faz uma crítica à atitude do policial, dando a entender que ações como essa podem levar à morte do agente público por vingança. Em resposta ao comentário, P. utiliza novamente o xingamento, agora nomeando C. A expressão, dirigida a uma mulher, mantém seu teor ofensivo por reunir palavras de baixo calão, desrespeitosas, corresponder a um xingamento, e pelo estilo ofensivo à honra por contraposição à moral sexual e aos preceitos religiosos. Ela responde a P. afirmando que sua falta de educação define sua índole e caráter, ausentando-se do diálogo com o dito "Passar bem", que, mais do que uma despedida, representa sua insatisfação pela situação e o desejo de encerrar a conversa a fim de não alongar o incômodo. P., mesmo após a advertida de C., responde de forma irônica, como se ela tivesse gostado da "bela frase desse senhor", usando de eufemismo.

Após alguns comentários, A. entra na conversa se dirigindo a P. acusando-o de analfabeto e sem educação. Em resposta, P. afirma não ter feito nada a A. para ter sido ofendido e, novamente, usa a expressão "vai encher seu cu de rola" e o chama de hipócrita, baixo (inferior) e analfabeto, mandando-o aprender a escrever (possivelmente para envergonhá-lo e desconcertá-lo publicamente pelo fato de ter escrito a palavra "qualker" com k). Na tréplica, A. afirma que o policial é despreparado e, caso ele (P.) não concorde, que "va encher seu cu de rola", e, ao mesmo tempo, faz justiça a si próprio, pelo fato de P., que perpetrou a ofensa inicialmente, não poder se queixar da situação e nem exigir a razão da situação para si.

Mais adiante, na sequência de comentários, D. entra no debate desferindo uma série de ofensas a P. e parece interpretar que o uso repetido da expressão "vai encher seu cu de rola" o coloca favorável ao transeunte, embora P. seja defensor da postura do policial. D. usa o insulto "vai tomar no meio do seu cu", uma variação da frase "vai encher seu cu de rola"; "filho da puta" (xingamento também usual no Brasil que busca ofender a pessoa atacando a honra da sua mãe, ao chamá-la de puta — prostituta, meretriz —; e que pode ganhar inúmeros sentidos como covarde, maldoso, descarado, vagabundo etc.); e "arrombado" (no sentido de ter o anus alargado por ato sexual, fodido, gay, e também pode ser usado com outras conotações como digno de desprezo, ignorante, babaca etc.), e desafia P. a trazer algum parente idoso para testar a sua reação. P. responde que, embora ambos compartilhem do mesmo posicionamento favorável ao policial, D. fez uso de palavras muito mais agressivas do que as que foram proferidas ao policial. Finaliza o diálogo titulando D. de "descontrolado", ou seja, que perdeu o domínio sobre si mesmo.

Percebe-se nesse diálogo que P. toma os comentários de seus interlocutores como ameaça ao seu raciocínio e argumentos. Ele se coloca numa posição reativa automática de defesa e agressividade. O comportamento de P. consegue desestabilizar seus interlocutores até que outro integrante da rede social (D.), aparentemente mais irritado e agressivo que ele, entra em cena e assume seu papel. A reação de P. e o reconhecimento de que D. está "fora de controle" pode ter funcionado como um chamamento de P. à razão sobre suas próprias atitudes durante a interação, marcando também a sua saída do debate. Ele não volta a se pronunciar, apesar de terem sido registradas outras respostas aos seus comentários.

O uso da expressão "vai encher o cu de rola", que mobilizou críticas — por ser ofensiva, atacar a imagem, a moral e a honra a quem é direcionada —, mas que foi, por vezes, utilizada pelos interlocutores em momentos de conflitos, remete-nos à decência e à compostura, elementos fundantes das regras do decoro.

4.1.4 Conduta policial também deve obedecer às regras

O ato de abordagem do policial provocou polêmica, particularmente no que concerne à forma como a autoridade se apresentou a um cidadão comum, transeunte, pelas ruas do bairro. A crítica mais contundente foi focada na não identificação adequada do policial e mobilizou outro debate quanto às suas normas de conduta. O procedimento de se aproximar e interpelar uma pessoa considerada suspeita, em situação duvidosa ou que apresente característica controversa a fim de identificá-la e/ou proceder a busca e apreensão e de cuja ação poderá resultar a prisão ou orientação, desencadeou a troca de mensagens. É comumente observada nas práticas policiais a abordagem de pessoa duvidosa, ainda que ela não tenha cometido nenhum delito no momento. Esses procedimentos não se encontram claramente definidos na legislação e dependem de uma interpretação subjetiva do agente da segurança pública.

No caso em análise, percebo que, em função da falta de contextualização dos fatos que foram expostos no news feed do Facebook, o julgamento e a interpretação do caso pelos integrantes da rede social ganharam sentidos diferentes de acordo com seus interesses, percepções e interpretações. Por diversas vezes, ao longo do debate, a falta de informação sobre o que antecedeu à abordagem do policial apareceu como questionamento e insinuações como, por exemplo, em trecho da postagem de N., apresentado no início da análise: "[...] Nesse caso o vídeo está pela metade não se sabe o que o 'pobre velhinho' fez [...]"; e no de R., no quadro de exemplos Canalhas também envelhecem: "[...], esse cidadão deve ter feito alguma coisa errada [...]", como indício de culpa do transeunte.

Para compreender melhor o contexto do caso, pesquisei publicações de notícias divulgadas à época do início da repercussão nas redes sociais que revelaram que, na versão do delegado, o homem estaria usando spray para pichar um carro estacionado irregularmente em via pública, quando foi abordado por ele. No vídeo, pode-se perceber que o transeunte está, de fato, carregando uma lata semelhante a um spray de tinta, mas não é possível identificar pela embalagem qual é o conteúdo do produto. Embora essa informação não esteja explicitada nas mensagens analisadas, e não seja possível saber se os integrantes da rede social tiveram acesso a essas mesmas explicações antes de participarem do debate, torna-se relevante tratar desse tema no contexto da pesquisa para entender a situação que envolveu o conflito e o motivo da abordagem. Supondo que a versão do delegado seja verdadeira, o transeunte se encontrava em situação passível de ser interpretada como crime ao patrimônio de terceiros.

Independentemente da motivação para a abordagem policial, o artigo 249 do Código Penal brasileiro aponta que qualquer pessoa que seja abordada tem o direito de saber o motivo da interpelação e o nome do policial (inclusive o civil) ou do guarda. O policial não pode atuar anonimamente. Todo policial deve estar identificado e, quando solicitado, precisa apresentar sua carteira funcional. Outra regra que deve ser seguida é que o policial não pode gritar ou xingar a pessoa que está sendo revistada e deve tratar respeitosamente familiares que se aproximam para pedir informação sobre o ocorrido. Caso contrário, o agente pode incorrer em injúria ou abuso de autoridade. Vejamos como parte da audiência do Facebook que participa desse debate organiza suas opiniões quanto à postura do policial no ato da abordagem:

> R. Do nada manda encostar sem se identificar o velhinho nao estava apresentando ameaças foi abuso de poder sim a primeira coisa que o policial debe fazer é se indentificar-se
>
> [...]
>
> G. Gente esses policiais despreparados primeiro antes de fazer o que ele fez tinha que se identificar segundo jamais agredir um cidadão que não reagiu e não está armado por mais que o cidadão agrediu verbalmente o policial era só se identificar depois sim algema-lo por desacato não precisava dessa violência toda meu Deus as pessoas em geral estão cada vez mais violentos sem paciência nenhuma triste isso
>
> [...]
>
> P. Se te alguma autoridade perdeu no momento que agrediu o idoso Poderia muito bem se identifica como policial que tenho certeza que o homem iria encosta sem problema, mas não resolveu primeiro falar sem se identificar e depois agredir o idoso
>
> [...]
>
> M. Abuso de poder! Um policial , a paisana, sem primeiro se identificar , não pode agredir o cidadão e só depois se identificar. Um funcionário público que atua como policia é para segurança e o bem da população. A atitude do tal funcionário público é um insulto ao povo.

[...]

L. Policia do cão, falta de profissionalismo, chega do nada, mandando encostar sem se identificar sem nada, ainda que ele tivesse mostrado o distintivo, foi tao rapido que nem deu pro Sr. Identificar com tantos pilantras que se passam por policias pra agir de ma fé, tantos policias que agem de ma fé hoje em dia, que até eu ia chingar, se alguém me aborda assim sem eu saber do que se trata, qual o risco o Sr. Se ele queria respeito como autoridade agisse de forme coerente, pra não ser abusivo. Ja se queimou seu delega.

[...]

F. Não justifica a abordagem do policial, totalmente fora dos padrões e técnicas, a primeira coisa que ele deveria ter feito é se identificar como policial, se você não entende do assunto não dê palpite... covardia desta forma é crime de agressão...!!!

As observações postadas nos comentários, baseadas nas regras que deveriam ter sido seguidas pelo policial, reforçam o argumento de que houve lapso de conduta na abordagem ao transeunte por omissão do delegado. Em uma delas, inclusive, pondera-se que a rapidez com que o policial mostrou o distintivo pode ter impossibilitado o transeunte de confirmar o status do agente de segurança. Quanto à condução do procedimento, nas opiniões postadas, o cidadão abordado não apresentava ameaça por não estar armado e não ter reagido. Ao mesmo tempo, criticam o comportamento do policial por suposta covardia, "atitude de bandido", melhor dito, por não adotar conduta ética e moral, agir como moleque, estar despreparado e desequilibrado para a função. No diálogo selecionado sobre o tema, M., um integrante da rede social, opina:

M. O cara pede pro cara encostar e sequer se identifica pro cidadão, abordagem e conduta totalmente equivocada.

G. Ele apresenta a carteira para o velho mal educados. E depois age

W. Pois é G., eu me pergunto, será que estas pessoas não viram ele se identificando no início do vídeo ou realmente são tão mal caráter em querer ignorar este fato...

M. Voces certamente desconhecem dos principios base do uso da força, Legalidade, Necessidade, Proporcionalidade e a Conveniência.

L. Vc é um idiota alienado

H. Falou o que sabe de muita coisa.

M. H. se vc acha inteligente entao debata com argumentos e nao com o seu achismo.

Em resposta a M., os interlocutores G. e W. defendem que o agente de segurança se identificou e insinuam que os participantes do debate são "mal caráter" ou ignoraram o fato. M. afirma que seus interlocutores desconhecem os princípios de legalidade (usar força só para conseguir o objetivo legal e dentro da lei), necessidade (usar força mais intensa apenas quando níveis menores de força não atingirem o objetivo legal requerido), proporcionalidade (usar força sempre compatível ou proporcional à ameaça representada pelo agressor), e conveniência (não usar força causadora de danos maiores que o objetivo pretendido), normas que visam ao controle e ao uso da força pela autoridade, evitando o conflito.

Em seguida, com novos interlocutores que têm uma atitude mais agressiva, M. é chamado de idiota alienado (tolo, ignorante, estúpido e fora da realidade, alheio) e tem seus conhecimentos questionados. M. convida H. a um debate com argumentos, e não com achismo. A partir dessa postagem, M. silencia, mas os comentários de outros interlocutores prosseguem:

C. A primeira coisa que fez foi mostrar a identificacao, assista direito!

[...]

E. Olha a porra do vídeo o cego se identificou sim cego do crai

[...]

H. Vc é cego ou é doido?

[...]

V. Procura oculista

[...]

G. Nao viu o video nao idiota

[...]

A. Esse oculos que vc usa é para que mesmo?

Com expressões como "assista direito", "olha a porra do vídeo", "você é cego ou doido, cego do crai" (caralho), "procura oculista", insinuam que M., autor do comentário que gerou esse debate, não assistiu ao vídeo, não prestou atenção, está doido ou tem uma possível deficiência visual, argumentos para atingir sua imagem e desqualificar sua opinião no debate. Novamente, percebe-se a estratégia de, por meio de ataques com xingamentos e agressões, tentar impor um ponto de vista que se quer dominante, constranger o interlocutor e obrigá-lo a se calar ou abandonar a discussão. Os argumentos conflitantes quanto à identificação correta ou não do policial durante a abordagem revelam o dissenso da percepção dos interlocutores sobre o cumprimento das regras do decoro na conduta do delegado.

4.1.5 Desacato à autoridade é crime

O argumento do desacato à autoridade também emerge na discussão como regra de comportamento que, na interpretação de alguns interlocutores, foi infringida pelo transeunte. Segundo o artigo 331 do Código Penal, é crime desacatar funcionário público no exercício da função ou em razão dela. A pena prevista é de seis meses a dois anos de detenção ou multa. A lei entende por desacato menosprezar, menoscabar, desprezar, humilhar o funcionário público. O sentimento de desdém depende, diretamente, do grau de sensibilidade, vaidade ou, ainda, necessidade de registrar o papel de autoridade daquele que se diz ofendido. Essa tipificação criminal é controversa e considerada por muitos especialistas como inconstitucional por violar a liberdade de expressão, e, muitas vezes, ser usada de forma manipuladora pelos agentes públicos. Por outro lado, percebo nesse caso que, em defesa da autoridade e da obediência, muitos integrantes da rede social parecem assumir posturas semelhantes aos agentes da justiça, ou seja, exaltam o dever de cumprir a lei com o fim em si mesma. Nesse sentido, para esse grupo, parece, ao meu ver, que se privilegia a obediência, negando a possibilidade da transgressão ou classificando-a pura e simplesmente como crime. Nas postagens selecionadas para exemplificar a opinião dos integrantes da rede social sobre o tema, parece haver uma concordância:

> M. A polícia vez certinho veio sem vergonha tinha que algemar e prender na hora desacato autoridade é crime
>
> [...]
>
> K. Tem muito polícial vagabundo que abusa do poder de autoridade, mas nesse caso aí o senhor estava errado, ele se identificou e com educação pediu para o senhor encostar, e o senhor desacatou a autoridade
>
> [...]

M. Mandou o policial encher o cu de rola e vcs ainda acha que o policial está errado? O idoso que tem que ter respeito à idade não muda a educação de ninguém,desacato a autoridade é crime!

[...]

R. Se é polícia era só dar voz de prisão por desacato, não precisava agredir, ficou tão errado quanto!

[...]

A. Ambos errados ! O policial não se identicou! Ele disse que era policia! Isso qualquer um pode dizer! Não justifica um representante da lei agora dessa forma! Não minimizando o desacato do cidadão!

[...]

M. Se ele for delegado é pra manter mais o controle de q uma pessoa q n teve tal treinamento. Agr faço a pergunta, desacato é pra prender ou espancar?

Independentemente do lado assumido no debate, se do policial ou do transeunte, as opiniões nesses exemplos parecem convergir quanto ao fato de ter havido desacato ao agente da segurança. Outras questões e justificativas voltam a ser articuladas em torno da defesa do argumento de afronta, como o uso da frase: "vai encher o cu de rola", o desrespeito do idoso, a agressão e a falta de educação. Mas a conduta do policial continua a ser questionada. No diálogo a seguir, esses temas permeiam a interação:

P. Houve o desacato.... Esse homem aparentemente embriagado deve ter feito algo alem de desacatar a altoridade policial.!! Vai encher seu c....... De peia agora velho vacilao.! No meu ponto de vista o policial esta coberto de razão

M. o vei deu mole. nao por ser policial deve se respeitar, mas respeitar a todas pessoas em geral.

D. Tá coberto de razão! Concordo com vc plenamente e com seu ponto de Vista!

M. Não interessa olha a idade do senhor, tu è um idiota

V. M., o delegado, deve ter mais ou menos, a mesma idade! Isso é pra ele aprender a respeitar os outros e pelo jeito, não foi a primeira vez! Se garantindo na "LEI DO IDOSO " ...

> C. P. vc vai ficar velho ai tomara que algum policial fia da puta fassa pior com vc porque vc nao vale nada se você com seu pae vc acharia bom acho que vc nao tem pae filho de chocadeira
>
> W. C. más porque é idoso nunca deve desrespeita ninguém pode ser até uma criança vc eu temos que respeitar, o senhor ai perdeu toda a razão falou besteira manda um policial encher o c de rola vc vai vê o que vai acontecer e nem precisa see policial que vai dá zebra kkkkk
>
> [...]
>
> W. P. primeiramente aUtoridade se escreve com U, o senhor desacatou um caralho nem sabia quem era o policial ele que se acalmasse se identificasse e fizesse o trabalho dele de forma correta é um covarde

A postagem de P. em defesa ao argumento de ultraje, além de insinuar que o transeunte estava embriagado, lança sobre ele suspeitas de ter cometido outras transgressões, e expressa sua agressividade ao mandá-lo "encher o cu de peia" (peia — termo de baixo calão para pênis), usando uma variação da mesma expressão ofensiva ao delegado. P. chama o transeunte de "velho vacilão" — "velho", substantivo carregado de um sentido pejorativo de ser ultrapassado, improdutivo e inativo; "vacilão", termo usado quando a pessoa diz ou faz algo sem considerar os efeitos de suas ações ou palavras, causando problemas —, e endossa a conduta do policial. Tem a anuência de D. e de M., o qual evoca outro valor: o respeito a todas as pessoas.

V. censura a Lei do Idoso, insinuando que o transeunte está tirando vantagem do estatuto para infringir as regras de comportamento e outras leis. C. tentar intimidar P., lembrando a ele que irá envelhecer e desejando que um policial "fia da puta" (filho da puta — no sentido de maldoso, covarde) faça-lhe pior, e o acusa de valer nada (inútil, dispensável, fútil, sem princípios e valores). Na sequência, indaga sobre a sua reação se a situação fosse com seu pai, mas, em seguida, afirma ser ele "filho de chocadeira", ou seja, a exemplo das aves que são cuidadas pelos pais, mas quando saem do ninho não retornam mais e rompem os vínculos paternos.

Em outro comentário à postagem de P., W. chama sua atenção para a grafia correta de autoridade (com u e não com l), uma forma de tentar envergonhá-lo e desqualificá-lo por um erro de português; discorda do desacato pelo fato de o cidadão não saber que se tratava de um policial. Argumenta também que o delegado deveria ter se acalmado, se identificado e feito seu trabalho corretamente, qualificando-o de covarde por agredir alguém que, supostamente, não consegue se defender. O comentário de W., com tom emocional, busca desqualificar tanto P. quanto o policial.

No diálogo, P. inicia o debate, mas não responde aos seus interlocutores. São outros participantes, que provavelmente concordam com sua linha de raciocínio, que respondem às investidas contra ele e aos seus argumentos. O diálogo parece ser guiado pelos sentimentos dos participantes, que usam mais agressividade do que argumentos para defenderem seus pontos de vista. O respeito é o principal valor a ancorar os pontos de vista de ambos os grupos, os contrários e os favoráveis à tese do desacato, podendo ser identificado, nesse caso, como um dos princípios do decoro.

4.1.6 Abuso de autoridade: o direito de um cessa onde começa o do outro

O abuso de autoridade aparece nas postagens como argumento em relação aos limites do direito do policial sobre o do transeunte, visto muitas vezes pelos integrantes do Facebook, no caso analisado, como idoso. Questiona-se a imoderação do poder do agente levantando dúvidas sobre a sua legitimidade por uso excessivo, injusto ou inadequado. Embora seja um poder instrumental do Estado o exercício de atos coercitivos para assegurar o bem-estar público ameaçado, quando utilizado de forma desproporcional, com emprego arbitrário da força e da violência contra o cidadão civil, constitui formas abusivas e arbitrárias não toleradas em estado democrático de direito. Legalmente, o uso do poder pela polícia é lícito, e o abuso, ilícito. Estados democráticos, como o brasileiro, inspiram-se nos princípios de liberdade e nos ideais de solidariedade humana. Nesse sentido, entre as opiniões postadas no feed de comentários, são recorrentes as interpretações dos usuários da rede social de que houve abuso de poder e de autoridade, como nos exemplos a seguir:

> M. Abuso de autoridade, não ouve nenhum tipo de resistência do indivíduo, atitude desnecessária. entra no artigo abuso de autoridade e agressão ao idoso
>
> [...]

S. Abordagem totalmente fora da lei esse camarada deveria receber punição da corregedoria por abuso e truculência de autoridade

[...]

R. Um idiota abuso de poder pra que isso sem preparo sem moral sem nada sem vergonha um lixo

[...]

W. Abordagem totalmente errada, não se identificou e partiu logo pra agressão sem motivo algum que a justifique, abuso de autoridade e despreparo total. Espero que o MP, tome as medidas cabíveis contra a super autoridade! Deve ter esquecido como se deve abordar alguém, lugar de polícia é na rua e não requisitado em gabinete mamando nas tetas do governo.

[...]

L. Isso tem um nome. Abuso de poder. Independente do que esse senhor fez, não dar o direito desse policial despreparado agir dessa forma. Certo?

[...]

M. Nada justifica espancar o cidadão É abuso de poder e ñ tem justificativas. Contra fatos ñ tem contestação. Policial desequilibrado ñ tem controle emocional nem competência profissional usa a for que é mais cômodo. Já pensou se todo professor q lida com 45 alunos de escola s públicas em áreas de risco espancasse cada um que lhe fere com palavras e gestos? Ora bolas....COVARDIA PURA.

Nas postagens, prevalece a regra legal como norteadora do comportamento. Às alegações de descomedimento do poder, juntam-se outros argumentos: agressão injustificada, covardia policial, passividade do transeunte, truculência, falta de moral, de vergonha, despreparo profissional, descontrole emocional. No post de M., por exemplo, ganha força o argumento de que a força física não deve ser usada como resposta a uma agressão verbal. Esses temas vão pontuar o debate em diferentes discussões, como no exemplo a seguir:

R. Perdeu totalmente seus direitos de polícia... Uma grande falta de respeito com o Idoso, o Idoso não estava dando perigo nenhum de fuga. Então não precisa daquele abuso de poder! Esse cidadão quer se apresentou como polícial tem que pres-

> tar esclarecimentos dos fatos para seus superiores vê si abrir uma sindicância contra sua pessoa, por abuso de poder e si á vítima acionar á Justiça entrar contra ele por Danos Morais.
>
> L. É por mentes iguais à sua que o Brasil tá do jeito que tá, tudo é processo, tudo é danos morais que dó de pessoas assim. Sugiro que vc assista o vídeo com alguém para que vc ouça e veja o que realmente aconteceu.
>
> [...]
>
> R. L., vamos sermos corretos o Estado não paga o Polícial para bater no cidadão! Então isso ele já perdeu seus direitos... Vc conhece á Lei e sabe como funciona!
>
> L. Mas vc ouviu o que o cidadão falou pra o policial quando pediu pra encostar :o cidadão mandou ele encher o cu de rola, se eu fosse o policial naquele momento bateria na boca dele
>
> [...]
>
> R. L., o policial é obrigado á ter essa paciência, ele é treinado pra isso... Jamais pode bater no cidadão; no momento que ele bater no cidadão perdeu seus direitos. O dever dele é si identificar fazer abordagem si achar algo que não enquadra na Lei, aí sim encaminhar ele para á DP para o Delegado Finalizar o Procedimento.

Na sequência de mensagens, R. menciona o direito de a vítima acionar a Justiça por danos morais, o que causa reação imediata de L., que considera exagero processar, dando a entender que lutar por direitos prejudica o andamento do país. Ele usa eufemismo para dizer que "tem dó de pessoas assim". R. argumenta que, legalmente, o policial não é pago para agredir e, por isso, perdeu seus direitos e lembra a L. que os policiais têm que ter paciência e, por serem treinados para fazer abordagens, devem seguir as regras.

No decorrer do debate, após uma sequência de respostas ao seu post defendendo o policial, R. volta a se manifestar:

> F. Ele poderia ter pedido a identificação primeiro mas o qie ele usou foi palavras de baixo calão. São esses tipos de coisas que fazem o cidadão aprender a ser gente. Atitude correta. Ele caiu de bebado que estava.
>
> [...]
>
> N. O idoso disse p ele... vai encher o c... de rol...

[...]

A. R. ele paga é pra ser xingado? Vc gostou da frase encher seu cu de rola né?

[...]

D. o velho indefeso causou um acidente de carro se você não sabe e ele ainda estava bêbado, o policial se identificou com toda calma e sofre desacato e tem que bater palma? Vai encher teu cu de rola

[...]

A. desrespeito foi o idoso mandar o outro encher o c*** de rola , porque isso nao se faz qdo vc tem respeito pelo próximo, e o policial mostrou sim a carteira de identificação ao pedir para ele se encostar . Antes de criticar veja o video com mais atençao. A policia poderia usar outro meio menos agressivo, porém nao usou , minha opiniao é q nao tem vitimas nesse video ,os dois estao errados.

[...]

V. Quem faltou com respeito primeiro? Se não segue a ordem na educação tem que ir sem educação mesmo.

[...]

R. Vcs que estão defendendo o Polícial!!! Então ele é pago do nosso dinheiro para bater no cidadão ou para resolver á situação?!? Então gente vamos sermos mais transparente com á situação; TODOS os policiais são pagos e treinados para solecionar esses tipo de situações não importa si é bêbado ou marginais, si, for recebido com palavras então manda palavras, si for recebido com porrada mobilizar o indivídu, e o encaminhar á DP agora si for recebido com bala manda chumbo neles... Á constituição do Polícial é fácil de entender!

G. Direito de idoso? Me mostra onde fala que idoso pode desacatar autoridade e ter que ser respeitado por isso?

R. Meu amigo, por isso que á Polícia trabalha com esses aburnsos de autoridade! O Senhor está fora de si... Então, tem que bater? Então, não precisa de punir e nem de delegado e muito menos de Juiz para julgar o caso, tem que meter o pau e está tudo resolvido?!? É isso aí amigo? O cidadão está errado no momento do caso é fácil de resolver! Apenas encaminhar ele para á DP.

Como resposta aos vários comentários em defesa da ação do policial, R. lança dois argumentos: o primeiro, que as agressões verbais devem ser resolvidas pela polícia por meio de diálogo e repreensão verbal e que as violências físicas, por meio de mobilização e uso da força; a segunda, que os processos e as instâncias de autoridade sejam respeitadas para que haja um julgamento e, se necessária, a punição adequada, e não partir imediatamente para a violência. Com isso, reforça a proposição de erro do policial por extrapolar a sua ação, comprometendo os direitos do transeunte.

O respeito aos direitos do cidadão civil e o controle ao abuso de poder do policial figuram, nesse trecho do debate, como valores imprescindíveis na forma de lei, que ditam as regras do decoro.

Durante a pesquisa de campo, vários casos como este foram observados no Facebook, mas esta postagem foi, dentre eles, a mais legitimada pelos integrantes da rede, o que se constata pelo número de comentários (14 mil), comprovando que o conteúdo gerou forte envolvimento do público. O posicionamento engajado dos integrantes da rede social em relação às questões apresentadas pela situação envolvendo o transeunte e o policial fez aflorar nos discursos temas como relação de poder, autoridade, respeito, compostura, obediência, idade, entre outros; e permitiu compreender os comportamentos e valores mobilizados pelo grupo com relação às regras do decoro, expressas nos códigos que governam as regras e expressões substantivas da sociedade — as leis, a moralidade e a ética. No próximo tópico, passo à análise do segundo caso selecionado por esta pesquisa.

4.2 SEGUNDO CASO: MULHER DESTRÓI ESCULTURA DE IEMANJÁ A MARRETADAS

Figura 2 – Frame de vídeo da depredação de escultura de Iemanjá

Fonte YouTube, 2020[48]

Um vídeo postado em setembro de 2019 por um membro do Facebook e integrante da Umbanda — religião de matriz africana — trouxe para o debate na rede social um caso de suposta intolerância religiosa. A filmagem mostra o momento em que uma mulher usa uma marreta para quebrar a imagem de Iemanjá que fica na praia de Ribeirão da Ilha, em Florianópolis. As imagens

---

[48] Disponível em: https://www.youtube.com/watch?v=jcCtxBvcj20. Acesso em: 15 mar. 2020. Imagem sob intervenção do ilustrador Moreno Palma.

foram gravadas por morador(a) não identificado(a) de uma casa que fica em frente ao monumento. A publicação gerou mais de 1.200 comentários, 590 compartilhamentos e 2,2 mil manifestações por meio dos botões Reactions (Curti, Amei, Haha, Uau, Triste e Grr), até dezembro daquele ano.

A gravação do vídeo se inicia com a imagem de uma mão abrindo uma porta que dá acesso a uma área de serviço da casa e à entrada gramada de uma garagem. No áudio, ao fundo, ouve-se um barulho de marteladas e vozes que parecem vir de uma televisão ou de um rádio ligado. A câmera registra, por cima do portão da garagem, um ônibus que passa pela rodovia e, logo após, do outro lado da pista, com a praia de Ribeirão da Ilha ao fundo, uma mulher — vestindo uma saia escura abaixo do joelho, blusa branca de mangas longas e um lenço avermelhado envolvendo os cabelos — em cima da base da escultura de Iemanjá, feita de cimento, dando golpes de marreta nos braços e cabeça da estátua da orixá. Após uma sequência de marretadas, ela desce e continua a golpear a base da escultura. O(a) morador(a) que está filmando se desloca para uma outra janela, no interior da casa, para continuar registrando a ação. A senhora para e vai caminhando até um carro branco com a porta aberta, que está a poucos metros da estátua. Ela entra no carro, faz uma manobra e o estaciona novamente. Em seguida, volta com a marreta e reinicia a destruição da imagem, enquanto carros passam pela avenida. Durante o tempo da filmagem, 2 minutos e 14 segundos, pode-se aferir que desferiu mais de 25 golpes na escultura.

O vídeo é acompanhado por um texto longo do dono do perfil, intitulado "Intolerância Religiosa. Até quando?", em que se manifesta contra a intolerância religiosa — ou seja, as atitudes e ideologias que podem ofender as crenças e religiões pessoais —, informa que não foi a primeira vez que a estátua sofreu depredação e que, neste caso, as providências legais foram tomadas. "Aqueles que praticam a intolerância religiosa acreditam possuir alguma 'procuração divina' e, em nome de sua fé, sentem-se no direito de achincalhar, invadir, espoliar, prender, torturar e, por fim, exterminar o diferente", afirma o texto. O autor da postagem retrata a história de luta contra a violência e a resistência cultural e das crenças dos povos africanos trazidos para o Brasil como escravos e convoca os praticantes de religiões africanas a lutarem por respeito e liberdade. Ressalta ainda que, no Brasil, a questão dos ataques aos símbolos e locais de culto das religiões de matrizes africanas, bem como as agressões aos seus adeptos, é uma demonstração/confirmação do racismo, que se expressa pela intolerância religiosa.

Nessa postagem, o respeito é novamente a base para o decoro. A intolerância religiosa, no caso, acontece quando não existe uma convivência respeitosa no que se refere ao direito de expressão das crenças ou da religião quando diferente do outro. Ela se materializa pela violência física ou simbólica e motiva atitudes agressivas e hostis em relação ao discordante. A incomplacência se caracteriza por ofensas pessoais que ferem a dignidade e discriminam o divergente e, em casos mais graves, pela perseguição, agressão física e atentado contra a vida de pessoas que optam por outras crenças. O ato observado e postado no Facebook é um exemplo de intolerância que leva à destruição de objetos e símbolos religiosos de forma brutal e pública.

Embora a religião seja um importante fator de significação, de formulação de conceitos e de ordenação da vida social, é um tema que provoca debates aquecidos, comportamentos e atitudes diversificados com base na crença, principalmente quando se trata de uma classificação hierárquica que implica a relação de poder de um grupo cristão sobre o outro. Para garantir a igualdade entre todos, a liberdade de expressão e de culto religioso são direitos garantidos tanto no artigo XVIII da Declaração Universal dos Direitos Humanos[49] quanto no artigo 5º da Constituição Federal Brasileira de 1988[50].

A Declaração Universal dos Direitos Humanos assegura que as pessoas têm direito à liberdade de pensamento, de consciência e de religião; e podem manifestá-la sozinhas ou coletivamente, tanto em público como em privado, pelo ensino, pela prática, pelo culto e pelos ritos. A Carta Magna, além de garantir a liberdade de expressão, estabelece, no inciso VI do artigo 5º, que "é inviolável a liberdade de consciência e de crença, sendo assegurado o livre exercício dos cultos religiosos e garantida, na forma da lei, a proteção aos locais de culto e a suas liturgias". A Constituição da República Federativa do Brasil garante ainda o Estado laico, ou seja, que os governantes da nação devem respeitar todas as crenças religiosas e garantir o mesmo respeito por parte dos brasileiros, além de se manter neutro, sem privilegiar nenhuma das religiões, assegurar a governabilidade isenta de dogmas religiosos e manter a separação entre Igreja e Estado.

---

[49] Declaração Universal dos Direitos Humanos. Disponível em: https://www.ohchr.org/EN/UDHR/Pages/Language.aspx?LangID=por. Acesso em: 21 mar. 2024.

[50] Constituição da República Federativa do Brasil. Disponível em: https://www2.senado.leg.br/bdsf/bitstream/handle/id/518231/CF88_Livro_EC91_2016.pdf. Acesso em: 21 mar. 2024.

Além da garantia constitucional, o artigo 208 do Código Penal[51] prevê sanções para crimes contra o sentimento religioso. A pena é reclusão inafiançável de um mês a um ano, ou multa, para quem "escarnecer de alguém publicamente, por motivo de crença ou função religiosa; impedir ou perturbar cerimônia ou prática de culto religioso, vilipendiar publicamente ato ou objeto de culto". O preconceito religioso é criminalizado também pela lei brasileira n.º 7.716/1999[52], no seu artigo 20.

O ato público da depredadora se caracteriza como um dilema ético por colocar um conjunto de princípios e valores em conflito com a sua conduta. Como aponta Cortella (2009, p. 106), frequentemente nos deparamos com impasses no nosso cotidiano: há coisas que queremos fazer, mas não devemos; há coisas que devemos fazer, mas não podemos; e há coisas que podemos fazer, mas não queremos. Quando as respostas para as questões: Quero? Devo? Posso? são, de alguma forma, negativas, isso impossibilita que se assegure um bom andamento da vida coletiva. Nesse episódio, as ações da depredadora afetaram os interesses de outras pessoas e acenderam conflitos do ponto de vista moral e legal, já que o Código Penal (Lei n.º 2.848/1940) prevê como crime os danos ao patrimônio público em caso de destruição, inutilização ou deterioração de coisa alheia.

4.2.1 Intolerância religiosa é crime

No caso da destruição de um símbolo sagrado, as leis ditam as regras do decoro e são evocadas para garantir o respeito e os direitos dos cidadãos de escolha das suas práticas religiosas. Esse será o tom da maioria das opiniões em resposta à postagem da filmagem apresentada no feed de notícias — a defesa das normas e a condenação à intolerância religiosa, como exemplificam os posts de E.: "Só pra lembrar; intolerância religiosa é crime prevista no código brasileiro" e C.: "Isso é crime...e tem que denunciar. Ela tem que pagar e saber que isso é crime...".

O diálogo para análise traz um debate polêmico quanto à interpretação das regras legais.

> G. Os dois lados estão errados. Quem colocou a estátua ali e quem tá quebrando. Guarde sua religião apenas pra vc e pare de impor sua crença aos outros.

---

[51] Código Penal Brasileiro. Disponível em: https://www2.senado.leg.br/bdsf/bitstream/handle/id/529748/codigo_penal_1ed.pdf. Acesso em: 21 mar. 2024.

[52] Disponível em: http://www.planalto.gov.br/ccivil_03/leis/L7716.htm. Acesso em: 21 abr. 2024.

B. G. imposição são os evangélicos batendo na porta de sua e não uma estátua que representa determinada religião. Ninguém está impondo que vc deva seguir esta religião. Mas ao baterem em sua porta, sim, isso é imposição. Ao não respeitar outra religião é intolerância.

G. Como eu disse, os dois lados estão errados tanto a igreja que fica domingo a noite aos berros quanto ao centro de umbanda/candomblé que fica aos batuques até de madrugada as sextas feiras. De qualquer forma estão querendo impor suas crenças aos outros. Somos um país LAICO.

[...]

No diálogo com B., G. expõe sua intolerância a partir de uma perspectiva individualista e não coletiva sobre a religião. Para ele, a escolha religiosa, por estar no campo da subjetividade, não deve ser explicitada publicamente. A crítica de G., nesse sentido, é de que o símbolo, como princípio extrínseco de informação, impõe a religião a que representa por estar em espaço público, e não privado, já que defende a opção de fé enquanto crença pessoal, fé particular.

Seu interlocutor, B., contra-argumenta afirmando que, para ele, a coação acontece quando representantes religiosos batem na porta de sua casa. A expressão, que à primeira vista não tem o significado de imposição (de determinação, de obrigar a aceitar), parece ter sido usada com esse sentido pelo fato de a prática de visitações feitas por grupos religiosos terem como objetivo evangelizar ou levar a palavra, como muitos praticantes costumam definir, e por isso serem interpretadas como imposição de uma doutrina. Por outro lado, ir à casa de alguém sem ser convidado pode também ser interpretado como invasão de privacidade, ao negar o direito individual no âmbito do espaço doméstico.

G. continua firme no seu julgamento de certo e errado e amplia sua argumentação para o desrespeito ao silêncio, interpretando os sons advindos dos ritos religiosos como imposição de crença, e não como uma transgressão ao direito coletivo à tranquilidade — garantido por leis federais, estaduais ou municipais que proíbem a perturbação do sossego e estabelecem restrições objetivas ao barulho durante o dia e à noite. Percebe-se que, ao reunir diversos argumentos que mais parecem motivar o ódio ao outro do que justificar seu ponto de vista, é ele próprio quem tenta impor seu posicionamento individualista, baseado nos interesses próprios. Ao usar a frase: "Somos um país LAICO", embora o conceito contradiga todas as justificativas por ele utilizadas, pela forma como emprega a palavra laico —

enfaticamente grafada em letras maiúsculas — parece querer utilizá-la, intencionalmente ou não, para reforçar sua tese de neutralidade e isenção religiosas, atributos do Estado, e não aos cidadãos, que, em vez disso, têm garantidos o respeito e a liberdade de expressão religiosas.

> D. G., não sei de onde você tirou que estado laico é não poder ter qualquer tipo de manifestação religiosa. É exatamente o contrário, todos podem se manifestar livremente, inclusive, os ateus também são livres. Cultos das igrejas evangélicas, rituais de religiões africanas, missas, reuniões espíritas são legais e não são imposições..... [...] O que não pode é julgar, condenar e usar de violência contra pessoas, locais, imagens, rituais ,etc. Desculpe mas você está viajando na sua colocação e provocando mal estar ...

> G. D. não sou obrigado ouvir sermão evangélico no trem na volta do trabalho, não sou obrigado a ouvir atabaques na casa do vizinho até às 6 da manhã, não sou obrigado a ser importunado por testemunhas de Jeová batendo no meu portão e nem ter que mudar meu trajeto por passeatas católicas. Onde eu moro sou cercado por todas essas religiões. Seu direto termina quando começa o meu.

> G. D. de onde tirei? Tirei do artigo 5º, VI, da Constituição Federal.

> [...]

> D. G. você não é obrigado a nada, ninguém obriga você a nada. Torço realmente para você achar um lugar que isso não aconteça já que lhe incomoda tanto. Talvez você não seja obrigado a várias outras coisas também a trabalhar e pegar o trem, por exemplo....seu conceito de obrigação tá meio esquisito......eu me incomodo com carros que passam em frente à minha casa com som alto tocando funk... não sou obrigada...mas não tenho como retirar o direito daquela pessoa ... é um espaço daquela pessoa, seu carro, seu som. Tem coisas que é melhor aceitar que dói menos e aí sim você estará praticando o limite de direitos ao qual se refere. E preciso lhe dizer que sua interpretação em relação ao artigo 5° , inciso VI, está equivocado, ele garante justamente a liberdade das manifestações. Desculpe Giovanni, polêmica sem sentido a que você quis levantar. E viva as estátuas da mãe Yemanjá, Cristos, Pretos Velhos, Kardec e tudo mais!

> [...]

D. questiona a má interpretação de G. do conceito de Estado laico e aponta, em seguida, que determinados conceitos e regras têm validade para os que deles tiram vantagens individuais. G. continua negando a religião como fenômeno social e abdicando, de certa forma, das crenças, regras e valores inerentes a ela, guiando-se pelo seu julgamento individual. Nesse sentido, recorre ao artigo 5º da Constituição como justificativa de garantia de seus interesses específicos, interpretando a lei de forma a garantir seu ponto de vista e sua integridade moral. A falta de sentido, apontada por D., na polêmica levantada por G., parece reforçar sua intolerância religiosa e sua indisposição de aceitar opiniões divergentes. A interlocutora finaliza sua participação no debate saudando diferentes entidades religiosas, reforçando a regra de liberdade de manifestação e crença religiosa.

A postura de G. nesse diálogo exemplifica como, na sociedade contemporânea, o individualismo egoísta, em determinadas situações, pode se sobrepor à consciência coletiva e ao caráter social da moral — que objetiva fazer com que os atos individuais ou de um grupo social sejam vantajosos para parte ou para toda a sociedade. Percebe-se no discurso de G. uma tentativa de se apartar da vida pública, elegendo a vida privada como a verdadeira esfera moral para seus atos. O decoro do interagente, nesse caso, é pautado por interesses individuais.

4.2.2 O que fazer? Filmar ou impedir o crime?

A atitude da pessoa que filmou anonimamente a depredação de Iemanjá trouxe para o debate questionamentos de como ela deveria ter se comportado e o que deveria ter feito. A resposta a essas questões irá mobilizar argumentos morais e éticos. Ambos os conceitos implicam a regulação do comportamento quanto às regras do considerado aceitável e positivo, o bom e o ruim, o que devemos fazer e o que não devemos fazer. Sendo a ética a perspectiva com que olhamos os princípios e os valores mobilizados para a manutenção do equilíbrio na convivência social.

Nesse sentido, muitos integrantes do debate na rede social questionaram a atitude de quem estava por trás das câmeras, como, por exemplo, A.: "Parece que é mais importante filmar do que impedir e anotar a placa". Vejamos essas reações nas postagens:

> I. Agradecemos quem filmou pois agora temos provas.
> [...]
>
> H. – I. tudo bem que as imagens irão ajudar a achar o culpado, mas além de filmar acredito que naquele momento dava para interceder antes e evitar danificar a imagem.
> [...]
>
> N. Deveria ter segurada a pessoa e não deixar ela continuar
> [...]
>
> K. Eu tinha matado na porrada. Nao tem marreta certa.
> [...]
>
> P. Eu Teria gritado: - Eeeei???? Tô ligando para polícia, anotei a placa do seu carro, e acabei de filmar vc.

Nas respostas ao agradecimento de I., percebe-se o julgamento dos interlocutores ao(à) autor(a) da filmagem cobrando atitude, intervenção ademais da gravação. H. parece criticar a posição de voyeur assumida pelo(a) cinegrafista durante a cena registrada. N. e K. remetem ao uso da força física e da violência para conter o ato, reação semelhante à ação acometida pela autora da atrocidade. P. sugere constranger pelo medo de punição policial, ameaçar pela denúncia, dar visibilidade e provas do crime.

> M. I. estranho a pessoa filmar e não fazer nada, isso é conivência, ele é tão culpada quanto que fez a destruição da imagem. É necessário mais atitudes e menos mimimi

Nessa postagem, há o julgamento do ato moral da pessoa por trás das câmeras associado à responsabilidade. A interlocutora acusa o(a) morador(a) de omissão e conivência e, de certa forma, culpabilizando-o(a) pela depredação, comparando seu ato ao da depredadora, tendo como pressuposto que o(a) autor(a) da filmagem poderia escolher entre as alternativas de fazer ou não fazer algo para impedir a destruição da escultura. Por outro lado, desconsidera que a atitude de filmar, para gerar provas do crime, possa ter sido uma das alternativas avaliadas e escolhidas como mais conveniente no momento.

> R. Mas o problema é que, a pessoa transtornada só o fato de ser contrariada, poderia ser gatilho pra uma tragédia, não esquecendo que, a pessoa que filmou estava dentro de casa, imagine essa pessoa com a marcando sua casa...

R. pondera sobre as posições opostas, nessa situação, entre a mulher que, publicamente, depredou a imagem, e a pessoa filmando protegida, dentro de sua casa, e, ao mesmo tempo, exposta à reação do agressor caso se manifestasse. Para ele, o enfrentamento poderia gerar tragédia. Novamente, deparamo-nos com um conflito ético do sujeito: o(a) morador(a) queria impedir, mas não devia; ele(a) devia, mas não podia; ou podia, mas não queria? Pela manutenção do anonimato, pode-se presumir que ele(a) tenha privilegiado a preservação da sua integridade física e de seu patrimônio. Esses impasses contribuem para o debate dos valores morais e éticos e para a percepção das regras de decoro na atualidade.

4.2.3 Lei do retorno

A expressão "lei do retorno" ganha destaque novamente nesse debate. Ela integra, como demonstrado na primeira análise, o grupo de termos (causa e efeito, semeadura e colheita, lei da ação e reação etc.) que é utilizado para afirmar que o que se faz por um gera a produção de uma ação de retorno ao ponto de partida, ou seja, o que foi produzido traz como consequência uma reação, uma resposta a quem fez ou falou algo. No sentido popular, "aqui se faz, aqui se paga; colhemos o que plantamos". Muitas vezes, o entendimento dessa expressão caminha da ciência à religião incorporando seus vários sentidos simbólicos. Nesse caso, a lei do retorno está ancorada à crença no poder das divindades e ao castigo. Vejamos no debate a seguir:

> M. Não se preocupem Mãe Iemanjá vai dar o que ela merece
> [...]
> S. M. acredito mto nisso. Lei do retorno não falha!

Nessas postagens, a lei do retorno a uma ação negativa gera castigo que se sustenta na crença das interlocutoras de que, mais cedo ou mais tarde, a divindade africana (Iemanjá) irá dar um troco à ação depredatória desferida à estátua pela mulher flagrada no vídeo. O retorno pressupõe um equilíbrio social completando um ciclo, seguramente de uma forma diferenciada do ato de depredar um símbolo religioso.

Diante da fragilidade humana, da vulnerabilidade e das incertezas, em geral as pessoas buscam proteção nas divindades, apresentadas pelas religiões como seres soberanos, poderosos, capazes de proteger e, ao mesmo tempo, castigar. Nesse caso, a infratora seria castigada porque não respeitou o símbolo dominante do Candomblé.

B. Foi mexer com Iemanjá... Que teu deus te proteja, querida...
[...]

L. B. ja que é assim, nem precisa dar queixa na polícia, só esperar que iemanjá resolve, né ????? Por isso que muitas pessoas tem medo, por causa desse tipo de comentário.
[...]

A. B. porque iemanjá vai castiga-la..entao nao é uma entidade do bem como vcs dizem
[...]

T. B. Iemanjá não faria mal algum a ninguém para que seja necessário a proteção de Deus. O próprio ódio dela a destruirá e quanto à isso, lei do retorno, nada poderá protegê-la.
[...]

M. B. me desculpe mais Deus não tem nada a ver com Iemanja
[...]

Nesse diálogo, o comentário de B. — que é direcionado à depredadora, e não ao autor da postagem — ganha duplo sentido. Pode ser entendido como uma advertência, em tom irônico, quanto às consequências do ato de destruição da imagem (lei do retorno). A estrutura da frase utilizada, inclusive, é muito parecida com a de uma expressão popular proferida no Brasil: "Foi mexer com quem estava quieto, agora aguenta!", que também é utilizada para situações em que se quer ressaltar as consequências de algum ato. Por outro lado, foi interpretada por alguns dos interlocutores como uma insinuação de antagonismo entre as entidades: Iemanjá que castiga e Deus que protege. Para L., a fala de B. dá a entender que a própria divindade fará justiça e alerta para as consequências do comentário. Para A., a orixá irá castigar a autora do delito e, por isso, não é uma entidade do bem. T., embora em forma de negação, deixa subentendido que a fala de B. leva a crer que Iemanjá vai castigá-la, por essa razão é necessária a proteção de Deus. Nessa postagem T. desconstrói o suposto caráter maléfico da entidade destroçada e retoma a perspectiva da lei do retorno, sendo o próprio ódio da depredadora a força que irá destruí-la.

Já o comentário de M. expressa intolerância, baseada na crença de um único ser todo-poderoso (Deus). Utiliza na postagem a frase "me desculpa mais [mas — conjunção adversativa]", que denota não um pedido de desculpas, mas, sim, uma forma polida que, em geral, se usa para dizer que discorda do outro; e a expressão "não tem nada a ver", que traz dupla negativa (não e nada), sugerindo que não há relação ou correspondência entre as entidades. Percebe-se, nesse debate, que a religião imprime um caráter peculiar à regulamentação das relações entre os integrantes do grupo, ou seja, ao decoro, depositando nas divindades parte da garantia da vida moral.

4.2.4 Preconceito alimenta a intolerância

O foco do debate da intolerância religiosa, nesse caso representado pela depredação de um símbolo sagrado, gera suspeita de que o ato foi produzido por um militante de doutrina oposta, como se pode observar nas postagens a seguir, que se referem à igreja evangélica, certamente por alguns atributos conferidos aos seus seguidores. Vejamos:

> I. EVANGÉLICA fanática, não respeita as crenças dos irmãos, não sabe conviver com as diferenças
>
> [...]
>
> F. Ilê é só procurar nas igrejas EVANGÉLICAS mais próximas que acha o culpado(a) rapidinho.
>
> [...]
>
> Pela roupa eh assembleiana ou da Deus eh amor ou restauração [...]
>
> O. I. com certeza evangélica doente da cabeça demônio no corpo.
>
> [...]
>
> V. Com certeza são evangélicas, religião que não respeita as outras crenças.
>
> [...]

Na sequência de postagens, percebe-se a utilização de elementos do senso comum, preestabelecidos sobre os evangélicos, como argumentos para afirmar que a mulher flagrada dando golpes de marreta na estátua pertence a essa religião: fanatismo (atributo), o desrespeito às diferenças e a outras crenças (intolerância), a culpa das igrejas evangélicas pela destruição da imagem (intolerância), as vestimentas — saias longas e blusas com mangas e sem decotes — (suspeição pela performance), o substantivo "evangélica", como categoria atribuída, e a expressão "demônio no corpo", muito usual pelos integrantes dessa religião em rituais de desobsessão. Percebe-se que o preconceito e a intolerância são os mesmos que os do ato da depredadora.

A meu ver, o preconceito aos evangélicos parece ser fomentado, muitas vezes, pelas próprias pregações e declarações públicas feitas por alguns de seus líderes religiosos nos templos, na mídia ou até mesmo nas bancadas do Poder Legislativo ou nas pastas que ocupam no governo federal, baseadas em expressões de ódio, fake news e má-fé. Percebo ainda como agravantes dessa imagem dos evangélicos como "intolerantes" os registros feitos pela mídia de casos de violência cuja suspeita ou confirmação recaem sobre representantes ou integrantes da religião evangélica, como o emblemático ataque à imagem de Nossa Senhora Aparecida, praticado por um bispo da Universal do Reino de Deus, em outubro de 1995, em pleno dia da padroeira, transmitido pela televisão.

Alguns dos interlocutores, que se autodeclaram evangélicos, manifestaram-se contrários à ação da depredadora e reagiram às suposições:

> I. Só não entendo porque acham que é uma evangélica? pelas vestes? Sou de família evangélica, é jamais faríamos uma coisa dessas ☹ essa é do capiroto mesmo
>
> [...]
>
> D. Eu sou evangélica e acho que ela fez errado pois devemos respeitar crenças religiosas de todos cada um com a sua isso foi falta de respeito
>
> [...]
>
> H. Sou evangélica, e condeno esse tipo de comportamento, intolerância religiosa e degradação aí patrimonio público dá cadeia, deve ser responsabilizada por sua indecência e falta de respeito com as religiões alheias.
>
> [...]

As interlocutoras questionam a estigmatização aos integrantes da religião evangélica a partir do preconceito e da suspeição pela performance (roupas) e argumentam que nem todo integrante desse segmento religioso pensa ou age dessa forma. Nas postagens, evocam o respeito — como princípio moral básico — e as leis contra a intolerância e a depredação do patrimônio público como reguladores do decoro. Uma das interlocutoras expressa ainda por meio de emoji (carinha com lágrima no rosto) o seu descontentamento em relação à atitude da mulher que desferiu as marretadas na imagem, e utiliza a gíria "capiroto", que significa o mesmo que demônio, diabo, ou espírito ou gênero do mal, excluindo a possiblidade de ela pertencer ao seu grupo religioso.

Neste caso, verifica-se que a intolerância religiosa atenta diretamente contra as regras do decoro. Ao transgredir a legislação que garante o direito à liberdade ao culto, crença e às manifestações religiosas, o agente da intolerância desconsidera os valores morais vigentes e as normas preestabelecidas de comportamento, que visam garantir o convívio social harmonioso, e se vale de motivação particular para manifestar sua discordância, descontentamento ou ódio. A tolerância — respeito pela vida religiosa dos outros, opiniões e pontos de vista —, atitude oposta à exemplificada na análise, constitui-se, então, como princípio implícito na discussão do grupo de interagentes do Facebook para as regras do decoro.

4.3 DECORO NA INTERAÇÃO

Nos dois casos analisados, verifica-se que, embora as regras de decoro apareçam como argumentos utilizados no sentido de ajuizar os personagens envolvidos nas situações apresentadas, na sequência linguística de respostas sobre os eventos apresentados pelas postagens outros símbolos e padrões de interação são compartilhados e decodificados pelos participantes.

No trato entre os interlocutores, provavelmente devido à ausência física dos sujeitos na web — onde cada um cria uma imagem que pode ou não corresponder à sua própria identidade, e uma fachada coerente ou não com as normas sociais —, não se registra a exigência de uma postura normativa e nem de certos convencionalismos, a exemplo dos relacionamentos presenciais, com as várias formas de saudações e cumprimentos, observados na maioria dos contextos culturais, as regras de interação, as maneiras de tratamento, os recursos de linguagem que, algumas vezes, não conseguem ser acionados para a elaboração intelectual e subjetiva de respostas, carecendo os personagens de recorrer aos símbolos para expressar a sua opinião.

A comunicação por meio do Facebook tem suas próprias características. O ingresso nos diálogos pelos interlocutores se dá informalmente. Não há apresentações protocolares dos participantes ou qualquer tipo de manifestação de cortesia ao iniciar uma interação. A entrada em cena, em geral, dá-se por meio de uma opinião, um apoio ou reforço para argumentos de outro interagente, críticas à opinião de terceiros ou ao conteúdo postado, reações irônicas, sarcásticas ou até mesmo violentas. Essa maneira, por vezes arrogante, agressiva e impositiva de ingressar na interação revela o papel que o ator espera desempenhar na situação (Goffman, 2014), ou seja, de um interlocutor que se impõe e demonstra que está no comando do curso da interação.

Quando os interlocutores querem direcionar suas mensagens a um integrante específico da rede, nos diálogos analisados, utilizam o vocativo, ou seja, iniciam suas postagens com o nickname — nome ou apelido que identifica o usuário do Facebook a quem a mensagem é endereçada. Nesse caso, o sujeito da interlocução é o próprio perfil do participante na rede social. Perfil construído a partir da narrativa do eu, de acordo com o desejo do indivíduo, condizente ou não com o que ele é off-line e que, conforme Recuero (2009), é plural e representa múltiplas facetas identitárias. Nesse perfil "midiático" o personagem compartilha um modo de ser, de pensar, seus valores e suas características por meio de conteúdos textuais e imagéticos no site da rede social. Segundo as regras do próprio Facebook,[53] o nome deve ser aquele pelo qual a pessoa é conhecida no dia a dia. Apelidos podem ser usados, como primeiro nome ou como seu complemento, se forem uma variação da identificação de registro formal. Embora, nos casos analisados, os nomes nos perfis, aparentemente, tenham seguido as prescrições do Facebook, não é possível ter certeza de que correspondem, de fato, à identidade off-line dos sujeitos.

Ao utilizar o nickname, o remetente é comunicado pelo próprio Facebook que foi marcado na publicação e esse recurso pode facilitar a continuidade do debate. Isso não quer dizer, no entanto, que o interlocutor irá responder ao comentário imediatamente, de forma síncrona. Em geral, o feedback pode levar horas, dias ou até meses para chegar ao autor do comentário, mas é dado como se a postagem tivesse sido feita naquele momento. Assim a categoria tempo nas interações virtuais tem uma dimensão muito particular, baseada nas evidências comunicadas e na sequência com que elas transcorrem. A título de exemplo, vejamos a participação de A. no debate sobre a abordagem do policial ao transeunte.

> A. (1ª postagem) O povo quer Polícia forte, segurança pública eficiente mas não apoia uma ação policial como essa... fico incrédula... o que esse senhor fez foi no mínimo desacato...[...]

---

[53] Disponível em: https://www.facebook.com/help/112146705538576. Acesso em: 22 maio 2020.

[...]

> A. (2ª postagem) Só hj estou vendo inúmeros comentários à minha opinião sobre esse vídeo. Fico estarrecida com a falta de respeito de alguns, suposição de outros. [...]

A opinião de A. (1ª postagem) foi apresentada entre os comentários ao caso, no Facebook, em 10 de agosto de 2017, às 10h8. A. só revisitou a página e verificou as ponderações feitas à sua opinião em 17 de março de 2018, às 9h30, sete meses e sete dias depois, quando já tinham sido registradas mais de 10 manifestações em sua postagem, e ela retoma a discussão como se não houvesse uma interrupção temporal. Outro exemplo dessa característica assíncrona no diálogo foi identificado na resposta a N., também sobre o mesmo episódio.

> N. Pra começar a história o policial (Delegado) fez a abordagem correta, falou educadamente e mostrou a identificação... [...]
>
> F. N. vai tomar no rabo sua jumenta FDP

A opinião de N., postada em 14 de março de 2018, às 10h38, registrava, até janeiro de 2020, duas respostas. Ao clicar no link para visualizar os comentários, apenas o registro de F. foi exibido: postado no dia 15 de fevereiro de 2020, às 9h13, vinte e três meses após N. emitir sua opinião. Sendo assim, nesse espaço de interação parece predominar a comunicação assíncrona, ou seja, de um diálogo que se estende no tempo. No entanto, cabe ressaltar que não há um padrão fixo. Uma conversação na rede social pode começar de forma síncrona e continuar de forma assíncrona, dependendo da situação, do interesse, da disponibilidade e da expectativa dos interlocutores envolvidos.

O fator tempo na interação, no caso da abordagem do policial ao transeunte, embora tenham ocorrido vários desdobramentos ao fato após sua publicação no Facebook — como o afastamento do delegado do cargo que ocupava na Secretaria de Segurança; e a publicação de uma nota, na mídia, com pedidos de desculpas e perdão a "Deus" e "à pessoa envolvida", com reconhecimento de que operacionalmente o policial errou na abordagem ao transeunte, entre outros —, nas minhas pesquisas paralelas sobre a repercussão do caso na mídia, constatei que muitos integrantes do Facebook continuaram comentando, compartilhando e estimulando a visualização de outros participantes da rede social por mais de dois anos. É notável que nesse movimento contínuo o tempo da ocorrência correspondesse ao mesmo tempo em que foram informados pela postagem, e como se a rede social na internet fosse o local de depósito final do evento, sem se considerar outros contextos além do explicitado no conteúdo da postagem. Essa percepção de tempo e espaço nos remete aos conceitos de Milton Santos (2013), em que a sucessão de eventos e sua trama (a postagem) é o tempo em si, e o lugar onde podem se materializar os eventos (o Facebook) é o espaço.

Quanto ao segundo comentário à opinião de N., cuja visualização estava indisponível, provavelmente foi ocultado ou excluído por meio de ação da própria interlocutora. Essa situação foi observada em outros diálogos ao longo das postagens analisadas. A diferença entre o número total de comentários registrados em uma opinião manifestada no Facebook e a quantidade exata desses comentários que estão disponíveis à visualização dos integrantes da rede — quando o usuário clica no link que exibe essa contagem — pode ser justificada pelo uso de ferramenta de ocultação ou denúncia que é oferecida para controle pela própria plataforma da rede social.

Ao usuário do Facebook é permitido ocultar ou denunciar um comentário indesejado. Quando ocultado, ele fica visível apenas para o autor da postagem e para os participantes da rede que foram aceitos como amigos em seu perfil. Quando o post é excluído, é removido permanentemente da publicação. O integrante da rede pode denunciar o autor do comentário ao Facebook, que, por meio de sua política de segurança, pode deliberar se ele violou os padrões da comunidade e se o comentário será excluído.[54] Nesse caso, pode-se afirmar que a rede social Facebook oferece mecanismo de controle ao comportamento dos usuários para que sigam as regras do decoro. Apesar disso, na prática, em função dos vários comentários agressivos e ofensivos registrados nas postagens, foi possível observar durante a minha pesquisa que a maioria das pessoas não recorre com frequência a essa ferramenta, talvez motivadas pelo fato de que quanto mais comentários e interações a postagem registrar, independentemente de seu teor, maior será seu alcance entre os usuários; por indisponibilidade de tempo e até mesmo de interesse, entre outros.

Nos dois casos analisados, a violência simbólica (Bourdieu, 1989) observada por meio da linguagem escrita, sem coação física, causa danos morais e psicológicos e torna-se mais expressiva como ferramenta de coação. Nas análises, evidencia-se a tentativa de imposição de poder por meio

---

[54] Central de Ajuda do Facebook. Disponível em: https://www.facebook.com/help/297845860255949. Acesso em: 21 mar. 2023.

de xingamentos, ameaças, inferiorização do outro, rótulos e preconceitos. Embora a interação dos participantes se dê virtualmente, sem a possibilidade do contato físico, são evidentes as menções à violência física para fazer cumprir as regras de decoro (moral, ética, costume ou lei). Esse fato pode ser observado em argumentos hipotéticos, ou seja, em suposições dos interagentes se localizados no ato do evento, como se pode notar em algumas postagens.

No caso da abordagem do policial ao transeunte: "apanhou foi pouco"; "tem que descer o braço mesmo"; "se fosse eu dava uma pesada no estômago dele"; "merecia um balaço na boca"; "tinha que ter levada um murro na boca"; "tinha que ter dado uma porrada", entre outras. No segundo caso: "eu tinha matado na porrada"; "se eu passo lá na hora meteria a porrada nessa safada"; "dá um tiro nessa filha de satã"; "dá um soco nessa mulher".

Quanto aos conflitos examinados na interação, pode-se afirmar que eles são multifatoriais e gerados por motivações diversas, como as relacionadas a comportamentos, papéis sociais, crenças, disputa de poder, aceitação das regras e costumes, entre outras. Essas motivações se traduziram em julgamento da conduta moral e ética dos protagonistas direcionados aos fatos apresentados pelo autor da postagem no news feed do Facebook; na discordância direta entre pontos de vista contrários na interlocução; na intolerância religiosa, no entendimento equivocado sobre o conteúdo de uma crítica; no enquadramento da crítica como ofensa moral; no ataque à imagem, moral e honra do interlocutor para desqualificá-lo ao debate; na discordância no entendimento das regras, leis e costumes e no embate entre o caráter social do decoro — a pressão do coletivo — e os interesses individuais do sujeito.

Em determinados momentos da interlocução, quando os participantes buscavam ou ofereciam apoio a seus pares, ou à sua conveniência, alguns debatedores fizeram deferência às opiniões de outros integrantes da rede social que utilizavam argumentos em consonância com suas convicções. Nesse sentido, utilizaram expressões como "concordo", "apoiado", "exatamente", "está coberto de razão" etc. Com isso, parecem prestar ao interlocutor solidariedade entre os que compartilham do mesmo sentimento. Essas manifestações passam a impressão de unidade pela identificação, ainda que imediata, ligeira e baseada em postagem, em geral telegráfica, de percepção de grupo. De toda forma, esses recursos são usados para reafirmar valores e ideologias individuais.

No que diz respeito ao quesito engajamento dos integrantes da rede social no debate, pode-se afirmar que ele se dá no formato de grupo que posta opiniões e responde aos comentários por meio de textos, e do compartilhamento da postagem na própria timeline, o que pode gerar novas discussões e ampliar o alcance do assunto entre os membros do Facebook — tendo efeito, principalmente, na divulgação do debate. Ademais, se dá também pelos observadores que registram sua presença por meio dos botões Reactions. Esse recurso é utilizado para julgamento da postagem, possibilitando a expressão de sentimentos quanto ao conteúdo ou direcionando-se ao autor deste.

As referidas teclas são disponibilizadas pelo Facebook e têm sentidos preestabelecidos: "Curtir" significa aprovação do conteúdo; "Grr" expressa raiva ou reprovação; "Haha" demonstra bom humor, diversão com algo, podendo ser usado para ser irônico e sarcástico; "Triste" pode significar posts ruins, ou desaprovação, mágoa ou momentos nostálgicos; "Uau" para sentimentos de surpresas boas ou ruins; e "Amei" para afeição, carinho, apreço, e pode ser interpretado como forte aprovação.

Diferentemente daqueles que demonstram mais engajamento na interação pela disposição em formular um discurso escrito dirigido a determinada situação, os observadores, em geral, utilizam os botões Reactions para marcar presença na rede e demonstrar sentimentos de aprovação ou reprovação ao conteúdo ou ao comportamento do autor da postagem.

Vale ressaltar que no caso da abordagem do policial ao transeunte foram registrados, no período da análise, 17 mil reações à postagem, sendo 10 mil curtidas (59,12%), 5,1 mil expressões de raiva (30,15%), 726 risadas (4,32%), 595 manifestações de tristeza (3,54%), 373 registros de espanto (2,22%) e 120 amei (0,71%). Pelo expressivo número de curtidas, a audiência parece manifestar aprovação majoritária à postagem, legitimando o conteúdo, apesar de o botão de "curtir" não expressar nenhuma forte reação emotiva ou mudança de humor do integrante da rede social. Nessa perspectiva, entre os recursos utilizados para expressar sentimentos, as reações de raiva sinalizam revolta, indignação, ira ou frustração, mas não é possível dizer se as manifestações significam desaprovação à postagem em si, à opinião do autor ou dos personagens envolvidos no fato apresentado no feed de notícias do Facebook. Se levarmos em conta que as curtidas são interpretadas como aprovação à postagem e a raiva seria o seu oposto, o sentimento estaria atrelado, então, à condenação dos manifestantes ao que foi exposto no feed de notícias do Facebook.

No segundo caso, que envolve a depredação da estátua da Iemanjá, foram 2,1 mil reações, sendo mil reações de raiva (47,13%), 519 de tristeza (24,46%), 518 curtidas (24,41%), 50 de espanto (2,36%), 27 risadas (1,27%) e oito manifestações de amei (0,38%), no período analisado. Os sentimentos negativos à postagem superam as demais manifestações. A raiva e a tristeza somam mais de 70%. Se considerarmos essas reações com sentido oposto às curtidas, a postagem teria sido reprovada pelos integrantes da rede. Nesse caso não é possível afirmar, somente a partir dos dados numéricos, se essas reações são à postagem ou ao comportamento da personagem apresentada. Permite-nos supor que sejam relativas à atitude da depredadora, por trazer à tona o tema da intolerância religiosa. Para compreender com mais profundidade essas reações específicas, manifestadas tomando como referência os botões que expressam sentimentos, seria necessário um estudo mais detalhado dessa ferramenta, o que não é o objetivo desta pesquisa.

Há que se atentar ainda para a ortografia, especialmente para o excesso de erros de português e para uma escrita que tenta reproduzir os modos de fala, ou seja, transcrever em forma de conversa coloquial, que abusa da espontaneidade da linguagem oral sem se preocupar com as regras formais (uso correto das normas gramaticais e ortográficas) geralmente exigidas para um meio que, embora permita o uso de recursos audiovisuais para a interação, ainda se baseia principalmente em textos escritos para as trocas comunicativas. Vejamos nas mensagens a seguir alguns exemplos de abreviações, descuido com a grafia das palavras, repetições de letras e pontuações, que não correspondem à norma culta da língua portuguesa.

> W. C. más porque é idoso nunca deve desrespeita ninguém pode ser até uma criança vc eu temos que respeitar, o senhor ai perdeu toda a razão falou besteira manda um policial encher o c de rola vc vai vê o que vai acontecer e nem precisa see policial que vai dá zebra kkkkk

> J. N. Você deveria pensar duas vezes antes de falar. Ou você é burra ou ignorante !!! Ou deve ser do tipo de pessoa que se acha politicamente correta !!! [...] Vá se consultar com o médico Roger Abdelmassih !!! Ele é velhinho também !!! Sua hipócrita !!! Drogada e bêbada é você !!! [...]

> M. DEFENDER VELHO COOZÃO MAL EDUCADO É O CARALEO, VAI SEE PHODER BANDO DE MERDHAS, TINHA DE TER MANDADO A MÃO PRA CARA DESSE LIXO AÍ NO CHÃO, CABELO GRISALHO NÃO É SINÔNIMO DE RESPEITO... VÃO SEE PHODER!!!

Na mensagem de W., percebe-se a oralização da escrita no uso dos verbos "desrespeita(r)", "manda(r)", "vê(r)" e "dá(r)", revelando uma fala corrente e descompromissada, usada nas conversas do dia a dia, em que o r final das formas verbais no infinitivo não é usado, deixando uma pronúncia parecida, mas não correta na forma escrita. O tratamento pessoal "você" é abreviado (vc) caracterizando informalidade, e a repetição da letra "k" é usada para representar risadas. Na mensagem de J., o recurso do ponto de exclamação é usado para intensificar a expressividade do discurso, seja no sentido imperativo da ordem, na admiração, alívio ou surpresa. Na postagem de M., a utilização da escrita em maiúsculas denota grito, além da escrita de palavras pelo modo como soam ("COOZÃO", "CARALEO", "SEE", "PHODER"), e não pela norma padrão e uso correto da pontuação.

Na leitura analítica dos casos, foi possível observar que os integrantes da rede social se apropriam dos recursos da oralidade, como entonação da voz, lapsos de fala, a supressão de pontuação, entre outros característicos da oralidade cotidiana, utilizados num ambiente em que predomina a escrita. Talvez, esse esforço dos interlocutores para manter as características de uma comunicação oral, simultânea, construída rapidamente, de forma dinâmica e sem ser revisada, privilegiando a economia de tempo e de esforços, seja uma tentativa de tornar as características do ambiente web mais próximas da realidade off-line, tornando-o mais amigável, informal, e adaptado à contemporaneidade.

Se, por um lado, o uso de um texto com formas verbais abreviadas, incorretas (voluntariamente ou não), com forte apelo à oralidade, pode ser associado à linguagem característica do meio virtual — "internetês" —, por outro, pode ser interpretado como falta de competência do uso da escrita e ser associado a variáveis como classe social e escolaridade. Embora, em geral, essas peculiaridades do texto na rede social pareçam estar subentendidas entre os participantes da conversação no Facebook, nas situações de conflito, para ofender e ridicularizar, alguns participantes apontaram a deficiência ortográfica na tentativa de subjugar e reduzir os interlocutores.

Nesse contexto, percebe-se então que a rede social é um ambiente que tem suas regras, suas complexidades e, consequentemente, seus efeitos no comportamento de seus usuários. Sendo assim, a comunicação mediada pela tecnologia passa a influenciar a sociabilidade, interferir diretamente na forma como as pessoas expõem suas ideias, suas opiniões e constroem seus comentários sobre qualquer assunto. Por outro lado, mas não em oposição, é um importante espaço de construção de identidade, de sentimento e sensação de pertencimento, de participação, de situação do sujeito no contexto social, de expressão e de modificação da forma de visualizar o mundo, da compreensão, perpetuação ou questionamento das regras de decoro.

5
CONSIDERAÇÕES FINAIS

O propósito desta investigação foi identificar e analisar a representação do decoro nas relações estabelecidas no Facebook, considerada ainda a maior rede social de relacionamento virtual com contas ativas no mundo, e sua relação com a sociabilidade e estilo de vida contemporâneo. Para tanto, foi preciso traçar uma aproximação do conceito de decoro às Ciências Sociais, já que não foi possível encontrar um conceito consolidado nesse campo científico, embora expoentes das áreas de estudo dessa disciplina já o mencionassem, a exemplo do pai da antropologia social, Bronislaw Malinowski. Em seu livro Crime e costume na sociedade selvagem, de 1926, Malinowski empregava o termo "decoro" no estudo das sociedades primitivas nas quais não havia a presença do Estado, embora tenha observado uma forma de ordem jurídica baseada no respeito entre os membros do grupo e na reciprocidade das atividades.

Para enfrentar esse desafio de aproximação do decoro no campo das Ciências Sociais, a solução encontrada foi analisar os sentidos do decoro e sua influência na relação entre indivíduo e sociedade nos estudos de dois expoentes da sociologia contemporânea: Norbert Elias — que se dedicou aos costumes e como as vidas das pessoas foram moldadas pelas figurações sociais — e Erving Goffman — estudioso das ocasiões, ou seja, das pessoas em rituais de interação. Embora os autores não pertençam à mesma corrente sociológica, o decoro é um ponto comum abordado por ambos e que permite esse diálogo. Em suas obras constatei o frequente sentido do termo "decoro" atrelado às ideias construídas nos contextos históricos e sociais de mecanismo para o controle das relações com base na percepção sobre conduta aceitável, decência, conveniência e moral.

Nessa perspectiva, no desenvolver desta pesquisa, foi possível verificar que o compromisso com as regras, com o conjunto de normas que expressa ideias fundamentais a respeito do que deve ou não ser feito, ser dito e como se comportar em diferentes situações, ambientes e contextos socioculturais e históricos, persiste em uma linguagem atualizada, especificamente na análise da rede virtual Facebook, assim como o entendimento a respeito da transgressão e da ruptura das normativas vigentes observado nas postagens comumente relacionadas às regras sociais. Na contemporaneidade, com o avanço da tecnologia e a possibilidade de acesso quase ilimitado a esta, as referidas regras e os preceitos morais e valorativos são transmitidos, sobretudo, pelos meios virtuais. Nesse processo, os modelos sociais são reforçados e retroalimentados e são produtores de novas formas de sociabilidade.

No que concerne ao desafio metodológico, recorri às interações e aos rastros textuais apresentados pelos integrantes da rede social e, prioritariamente, aos eixos discursivo e interacional, ancorados pela Etnografia Virtual ou Netnografia. Esse método é adaptado da tradicional observação etnográfica das Ciências Sociais para o ambiente web. Nesse espaço, é possível observar como o discurso presentifica o personagem participante da rede social, que se torna visível pelo que escreve nas postagens e pela interação com os demais integrantes da comunidade virtual.

As interações on-line se dão prioritária e performativamente por meio do texto escrito. Isso exige, como na etnografia tradicional, a imersão do pesquisador no contexto de estudo, com uma observação atenta da linguagem escrita, dos símbolos linguísticos complexos, reações imediatas, conflitos, dos rituais de interação, normas, regras e sanções presentes nos registros textuais e outros recursos da comunicação multimodal característica desses ambientes virtuais.

Para dar conta desse processo analítico, utilizei a abordagem de Herring (2004), chamada Computer Mediated Discourse Analysis (CMDA) — análise de discurso mediada pelo computador —, considerada adequada a esta investigação por adaptar pesquisas de tradição linguística e possibilitar uma interpretação de forma ampla. Ademais, possibilita adicionar outros procedimentos, como a observação etnográfica; a análise de registros de interação verbal (palavras, afirmações, mensagens, trocas etc.), o comportamento on-line expresso em forma de escrita e as suas interpretações feitas pelos participantes da rede.

Esse dispositivo metodológico me possibilitou relacionar o campo empírico aos sentidos de decoro no Facebook, declarados pelos integrantes da rede social, tornando as informações acessíveis e garantindo a reflexibilidade, tão cara à etnografia. Igualmente, oportunizou a compreensão da maneira como os interagentes registram, interpretam, perpetuam e questionam as regras do decoro, bem como manifestam seus sentimentos de pertencimento e de participação no grupo, a partir das análises das postagens e dos comentários publicados.

O decoro contemporâneo está amparado fortemente pelos conceitos de moral e ética, que refletem os valores e a ótica de uma sociedade capitalista, marcada pela cultura e economia globalizadas, múltiplas identidades individuais e sociais, a prática do consumo exacerbado e o narcisismo ostensivo. Pude constatar que um dos princípios que ganha destaque no conjunto de valores morais na atualidade, que direciona como o indivíduo deve agir para adaptar-se a essa realidade, e que se faz expressivo na análise dos casos selecionados nesta pesquisa, é o individualismo egoísta. Devido à natureza social do indivíduo, a moral não é um assunto meramente individual, mas, em determinadas situações, como as exemplificadas nas análises deste livro, esse sujeito da modernidade expressa sua tendência de reagir buscando, primeiramente, satisfazer seus interesses imediatos e particulares. Dessa forma, nessas relações virtuais, as manifestações de intolerância são repentinas, diretas, tomadas por estímulos impensados e baseadas nas conveniências do sujeito emissor da mensagem sem levar em conta o "outro", o destinatário.

O respeito é o princípio fundante que ganha relevância na ancoragem das regras do decoro, ou seja, como valor moral que referenda a aderência dos indivíduos às regras que atribuem sentidos, norteiam os comportamentos, o convívio social e as premissas básicas do permitido e do proibido estabelecidas pelas convenções sociais. Como verificado nos exemplos de postagens selecionadas do Facebook para este livro, os integrantes da rede social brasileira evocaram o respeito em diferentes situações e com sentidos diversos. O mais recorrente, interpretado como regra de ouro, foi no sentido de atitude ou disposição de agir levando em consideração o outro, como reciprocidade. O sentimento, como atitude, também aparece no contexto desta pesquisa na forma oposta, ou seja, na representação de ausência ou falta de respeito (desrespeito e desacato). Ambos os sentimentos atuam no plano interacional.

O respeito também aparece com o sentido de consideração, deferência, estima, associado, no caso analisado, à condição do idoso. O significado atribuído ao velho/idoso na cultura brasileira remete ao valor moral e ético construído no processo de socialização do indivíduo, transmitido desde a infância por meio dos ensinamentos iniciados no núcleo familiar, e é um importante componente na prática do decoro social. Nesse contexto, o respeito está associado, por um lado, à experiência de vida, sabedoria acumulada e cumprimento do dever, e por outro, à dependência, à vulnerabilidade e à fragilidade.

Entretanto, o sentido de respeito ao idoso foi questionado durante a interação dos participantes do debate no Facebook, no primeiro caso analisado (abordagem policial). O grupo que defendeu a posição de que "Canalhas também envelhecem" demonstra não acreditar na hombridade do idoso como regra, pois é possível que exista alguém que não se comporte moralmente de maneira positiva. A partir da defesa desse argumento, o significado da palavra "idoso" adquire também um sentido pejorativo para esse grupo, associado a adjetivos que desqualificam e desumanizam o personagem, fundamentados para descontruir o conceito tradicional de respeito ao idoso.

Percebi, nos casos analisados, que o discurso sobre o respeito parece não valer na prática. Os argumentos, durante a interação, são utilizados somente para defender o discurso, mas não se concretizam na prática do respeito. Pude observar que muitos participantes do debate no Facebook exigem compostura e respeito dos personagens envolvidos no caso da abordagem do policial ao transeunte, tanto para o detetive quanto para o transeunte — classificado pelos membros da rede como idoso —, mas não respeitam o interlocutor durante a troca de mensagens e desferem ofensas pessoais, violências e discriminações contra os interagentes, bem como contra os personagens. Ou se dizem contrários à intolerância religiosa, mas a praticam contra a mulher flagrada destruindo a imagem de Iemanjá ao associá-la à religião evangélica, simplesmente baseados em julgamento da aparência, em indícios e sem provas concretas. O respeito, que deveria ser demonstrado por meio da empatia, isto é, com uma atitude comunicativa que revelasse a aceitação do outro e das suas ideias, deixa de existir diante da discordância das decisões, opiniões ou comportamentos.

Outros significados de respeito são explicitados no debate como subordinação à vontade do outro, obediência, acatamento. Por esse ângulo, o outro é compreendido como alguém significante, que faz uso de uma determinação que sugere o cumprimento de ordem como fenômeno originário da hierarquia, divisão social, autoridade e legitimidade.

Verifiquei, nas várias situações, um forte apelo ao campo jurídico para garantir o cumprimento das regras legais, morais e éticas. Com efeito, à custa da ameaça do poder coercitivo, parece haver uma busca pela garantia e adesão dos indivíduos ao decoro, ou seja, que as regras fundamentais da convivência sejam observadas voluntariamente, sem a necessidade de coação. Nesse contexto, os indivíduos parecem se fundamentar menos nos valores morais e mais na legalização dos comportamentos e na imposição do respeito, muitas vezes sem se importar a quem esses interesses atenderiam, se à sociedade ou ao poder estabelecido. Tornou-se perceptível também que, em defesa da autoridade e da obediência, integrantes da rede social assumiram posturas semelhantes aos agentes da justiça, de buscar o cumprimento da lei com o fim em si mesma, negando a possibilidade da transgressão ou classificando-a pura e simplesmente como crime.

Com relação à religião, embora o tema ainda seja tabu na sociedade brasileira, há na composição do decoro uma moral de inspiração religiosa que, com outras morais, busca regulamentar o comportamento dos indivíduos. Nesse quesito particular, o respeito ao outro aparece aparelhado ao princípio básico da igualdade espiritual na composição da moral. A intolerância, em forma de crítica à atitude da mulher que depredou a estátua de Iemanjá, emerge como antirregra ao decoro.

O respeito à família, aos seus representantes (pais, mães e avós) e aos valores morais e éticos que compõem a referida instituição foi recorrente nos discursos dos interlocutores. Como importante núcleo socializador, a família é o primeiro grupo de pertencimento do indivíduo. Nele se desenvolve o processo de formação e de construção de identidade, do aprendizado da tradição, dos costumes, valores. Nos casos analisados neste livro, observei uma tendência de relacionar a família à casa sobretudo no apontamento das regras de decoro.

A casa representa o lugar da proteção, das configurações familiares, da construção dos laços afetivos e de parentesco, onde se tem privacidade e onde parte significativa da vida pessoal se desenrola. Mesmo que, na modernidade, os indivíduos passem longos períodos do dia fora de suas residências, em função do trabalho e de outras atividades que impõem diferentes dinâmicas à vida cotidiana, a casa — também como sinônimo de lar — mantém-se como referência à ideia de família. As figuras paternas são evocadas nas postagens examinadas quando se quer acionar padrões e valores morais herdados da família. São usadas ainda como instrumentos de verificação, quando colocadas hipoteticamente no lugar dos personagens das ações que estão sendo julgados pelo grupo ("se fosse com o seu pai"), dos valores e comportamento social ético duvidosos.

A interação entre os usuários do Facebook se dá a partir de uma postagem espontânea sobre determinado tema, sem respeitar protocolos ou comportamento normativo. Ao acessar, os participantes, de forma direta, expressam opiniões, descontentamentos, eufemismo, ironia, xingamentos ou revelam atitudes agressivas, cujo objetivo, muitas vezes, é desqualificar ou desumanizar o autor ou um determinado interlocutor, inclusive nomeando-o. Algumas vezes, as mensagens são indiretas, deixando que os interlocutores, de acordo com os seus interesses, se pronunciassem. Nesse sentido, foi possível verificar em ambos os casos que a ausência de formalismos na interação, a entrada em cena com postura e tom agressivos, arrogantes e impositivos; por exemplo, irão apontar para uma moral individualista de um sujeito que quer se impor e demonstrar que está no comando da interação.

Durante a pesquisa, observei, por meio das locuções postadas, uma violência simbólica exteriorizada em forma de coação por parte de alguns integrantes do Facebook, seja para intimidar ou tentar calar os interlocutores que apresentaram pontos de vista discordantes. Ela se materializou em xingamentos, ameaças, discriminação e preconceitos. Nos dois casos selecionados, tanto na abordagem policial quanto na depredação da imagem de Iemanjá, evidencia-se a tentativa de imposição da vontade própria. Ainda que as interações sejam intermediadas pela tecnologia e não presenciais face a face, foram observadas expressões que mencionam a violência física nos discursos dos participantes da rede social como possível estratégia para se fazer cumprir as regras de decoro expressas pelo grupo. A violência, nas suas várias formas, mantém-se como um dos reguladores do decoro nas sociedades modernas, assim como foi em tempos remotos, como Elias evidencia nos seus estudos sobre o desenvolvimento do processo civilizador do homem.

Nas interações, via Facebook, é notável a existência de conflitos. Nos casos estudados, estes aparecem relacionados a juízo de valor, comportamento, papéis sociais, crença, disputa de poder, aceitação ou não de regras sociais e de costumes, entre outros. Esses motivadores ajudam a tensionar, de certa forma, a relação entre o caráter social do decoro, que objetiva regular o comportamento dos indivíduos e grupos sociais para manter uma certa ordem, e os interesses egoístas dos sujeitos. Nessas situações de conflito, tornam-se marcantes a falta de empatia, a tentativa de imposição de opiniões e, por vezes, a intencionalidade em ser ofensivo ou desrespeitoso com o outro. Isso reforça, em algumas das situações analisadas, o individualismo egoísta característico do sujeito contemporâneo. Por outro lado, em algumas postagens, observei que a interação possibilitou a identificação entre os interlocutores, a manifestação de opiniões semelhantes e o compartilhamento de valores.

Outro ponto que vale a pena ressaltar é que as regras definidas para o uso de redes sociais na internet são construídas por personagens sem rostos. Há, conforme Recuero (2014), uma presunção de anonimato no espaço digital, gerada pela mediação tecnológica entre os interagentes. A não identificação dos integrantes e o contato intermediado pela tecnologia leva ao descaso, descompromisso e desleixo com a alteridade, permitindo e possibilitando atitudes de humilhação, violência e aniquilamento. Essas condutas de decoro geram reações e são reproduzidas no campo virtual criando uma espécie de gramática cultural que, ao mesmo tempo em que constitui uma nova forma de sociabilidade, provoca sentimentos de depreciação e vergonha.

Ademais, nesta pesquisa, foi possível observar a constituição de um grupo que se reúne em torno de um aparato virtual de forma momentânea, despojada, informal e sem periodicidade, que manifesta deferência em situações de apoio aos pares ou de conveniência, e expressa o seu engajamento nas discussões. As revelações ocorrem por meio de mensagens escritas, dos botões Reactions; da construção e decodificação de linguagem com características específicas do meio virtual, e que influenciam na sociabilidade por interferir diretamente na forma como as pessoas expõem suas ideias, opiniões e constroem seus comentários sobre qualquer assunto no ambiente da rede social. Por meio da apropriação das ferramentas de comunicação oferecidas pelo próprio Facebook, os sujeitos são ainda impactados pelas possibilidades de adaptação e controle. Um exemplo é o mecanismo de gerenciamento das postagens, que permite a qualquer usuário ocultar ou denunciar um comentário indesejado.

Olhar para o discurso on-line no Facebook permitiu estudar a linguagem em uso e a construção de sentidos nesse ambiente onde os participantes registram por escrito o que pensam e como agem em determinadas situações. Embora as mensagens sejam telegráficas, descontextualizadas e agrupadas em conversas descontínuas, assíncronas e complexas, a análise dessa conversação, além de revelar características do decoro na contemporaneidade, contribuiu para a compreensão do ambiente dessa rede social na internet, das relações interpessoais no mundo contemporâneo e da visão de mundo dos interlocutores usuários do Facebook.

O uso dessa rede social como espaço on-line de interação remete à liberdade no que se refere à espontaneidade, à inexistência de protocolos fixos, por meio de uma linguagem e postura informal. Nesse lugar midiático, é possível observar o encontro das subjetividades, de identificações e o palco para que qualquer um externe seus pensamentos, opiniões e escolhas a respeito dos mais variados temas, inclusive para a expressão de sentimentos de intolerância, preconceito, atitudes hostis, desrespeitosas e até violentas. É um espaço on-line ainda muito jovem no que se refere às regras de postagem ou de relacionamento e se encontra em fase de construção. Ao mesmo tempo, o Facebook se revela um ambiente alternativo de expressão de valores e crenças que nem sempre são manifestadas em ambiente de interação presencial. Nele ficam registrados os debates acerca das regras de decoro vigentes, sejam em busca de ratificá-las ou questioná-las.

Por fim, praticando a reflexibilidade sobre o processo de pesquisa, posso afirmar que o debate sobre as dinâmicas comunicacionais nas redes sociais na internet não se esgota aqui. Ao contrário, dada a sua complexidade, o desafio ético-metodológico e a novidade no campo das Ciências Sociais e outros ramos de conhecimento, instiga novas inquietações que podem se desdobrar e abrir possibilidades de realização de novas pesquisas em outras trilhas e mapas, sobretudo para compreender os mecanismos virtuais e sua influência na vida cotidiana das pessoas na sociedade contemporânea.

REFERÊNCIAS

ALMEIDA, Marco Antônio de. Mediações tecnosociais e mudanças culturais na Sociedade da informação. Em Questão, Porto Alegre, v. 16, n. 1, p. 113-130, jan./jun. 2010.

BIANCO, Nelia R. Del. A Internet como fator de mudança no jornalismo. Disponível em: https://arquivo.bocc.ubi.pt/pag/bianco-nelia-internet-mudanca-jornalismo.pdf. Acesso em: 12 maio 2011.

BOURDIEU, Pierre. O poder simbólico. Tradução de Fernando Thomaz. Rio de Janeiro: Bertrand Brasil, 1989.

BOYD, Danah.; ELLISON, Nicole. Social Network Sites: Definition, History, and Scholarship. Journal of Computer-Mediated Communication, 1. ed., v. 13, 2007, p. 210-230. Disponível em: https://academic.oup.com/jcmc/article/13/1/210/4583062. Acesso em: 3 jun. 2020.

CAMPBELL, Colin. Eu compro, logo sei que existo: as bases metafísicas do consumo moderno. Tradução de Niza Neves Cheroto. In: BARBOSA, Lívia; CAMPELL, Colin (org.). Cultura, consumo e identidade. Rio de Janeiro: Editora FGV, 2006.

CASTELLS, Manuel. Comunicacion y poder. Madrid: Alianza Editorial, 2009.

CASTELLS, Manuel. A sociedade em rede. São Paulo: Paz e Terra, 2016.

CORTELLA, Mário Sérgio. Qual é a tua obra?: inquietações propositivas sobre gestão, liderança e ética. 6. ed. Petrópolis: Vozes, 2009.

DAMATTA, Roberto. Carnavais, malandros e heróis: para uma Sociologia do dilema Brasileiro. Rio de Janeiro: Rocco, 1997.

ELIAS, Norbert. O processo civilizador: uma história dos costumes. Tradução de Ruy Jungmann. Rio de Janeiro: Zahar, v. 2, 2011.

ELIAS, Norbert. O processo civilizador: formação do Estado e Civilização. Tradução de Ruy Jungmann. Rio de Janeiro: Zahar, v. 2, 1993.

FRAGOSO, Suely; RECUERO, Raquel; AMARAL, Adriana. Métodos de pesquisa para internet. Porto Alegre: Sulina, 2011.

GOFFMAN, Erving. Ritual de interação: ensaios sobre o comportamento face a face. Tradução de Fábio Rodrigues Ribeiro da Silva. 2. ed. Petrópolis: Vozes, 2011.

GOFFMAN, Erving. A representação do eu na vida cotidiana. Tradução de Maria Célia Santos Raposo. 20. ed. Petrópolis: Vozes, 2014.

GOFFMAN, Erving. Estigma: notas sobre a manipulação da identidade deteriorada. 4. ed. Rio de Janeiro: LTC, 2015.

HALL, Stuart. A identidade cultural na pós-modernidade. Rio de Janeiro: DP&A, 2015.

HERRING, Susan. Computer-mediated discourse analysis: an approach to researching on-line behavior. In: BARAD, Sasha; KLING, Rob; GRAY, James J. (ed.). Designing for Virtual Communities in the Service of Learning. New York: Cambridge University Press, 2004, p. 338–376. Disponível em: https://www.researchgate.net/publication/285786435_Computer-mediated_discourse_analysis_an_approach_to_researching_on-line_communities. Acesso em: 25 jan. 2020.

HINE, Christine. Etnografia virtual. Barcelona: Editorial UOC, 2004.

JOHNSON, Allan G. Dicionário de Sociologia: guia prático da linguagem sociológica. Rio de Janeiro: Jorge Zahar, 1997.

KIRKPATRICK, David. O efeito Facebook: os bastidores da história da empresa que conecta o mundo. Tradução de Maria Lúcia de Oliveira. Rio de Janeiro: Intrínseca, 2011.

KOZINETS, Robert. Netnografia: realizando pesquisa etnográfica on-line. Porto Alegre: Penso, 2014.

LÉVY, Pierre. Cibercultura. São Paulo: Editora 34, 2010.

MAFFESOLI, Michel. No fundo das aparências. Rio de Janeiro: Vozes, 1996.

MAFFESOLI, Michel. O mistério da conjunção. Porto Alegre: Sulina, 2005.

MALINOWSKI, Bronislaw. Crime e costume na sociedade selvagem. Tradução de Maria Clara Correia Dias. Brasília: Editora Universidade de Brasília; São Paulo: Imprensa Oficial do Estado, 2003.

MALINOWSKI, Bronislaw. A vida sexual dos selvagens do noroeste da Melanésia: descrição etnográfica do namoro, do casamento e da vida de família entre os nativos das Ilhas Trobriand (Nova Guiné Britânica). Tradução de Carlos Sussekind. Rio de Janeiro: F. Alves, 1982.

MARTINO, Luís Mauro Sá. Teoria das mídias digitais: linguagens, ambientes, redes. Petrópolis: Vozes, 2015.

MARTINS, José de Souza (org.). Vergonha e decoro na vida cotidiana da metrópole. São Paulo: Hucitec, 1999.

NIETZSCHE, Friedrich W. A genealogia da moral. Tradução de Joaquim José de Faria. São Paulo: Centauro, 2002.

OLIVEIRA, Roberto Cardoso de. [1994]. Antropologia e moralidade. Revista Brasileira de Ciências Sociais [on-line], v. 9, n. 24 [30 nov. 2015]. Disponível em: http://portal.anpocs.org/portal/index.php?option=com_content&view=article&id=213:rbcs-24&catid=69:rbcs&Itemid=399. Acesso em: 20 abr. 2020.

RECUERO, Raquel. Redes sociais na internet. Porto Alegre: Sulina, 2010.

RECUERO, Raquel. A conversação em rede: comunicação mediada pelo computador e redes sociais na Internet. 2. ed. Porto Alegre: Sulina, 2014.

RECUERO, Raquel. Atos de ameaça à face e à conversação em redes sociais da internet. In: PRIMO, Alex (org.). Interações em rede. Porto Alegre: Sulina, 2016.

SANTOS, Milton. Técnica, espaço, tempo. São Paulo: Edusp, 2013.

VICENTE, Antonio Fernandez. El presente virtual: cadenas digitales. Madrid: Editorial Fragua, 2008.

WHITE, Peter. Valoração: a linguagem da avaliação e da perspectiva. Linguagem em (Dis)curso - LemD, Tubarão, v. 4, n. esp., 2004, p. 178-205. Disponível em: http://www.portaldeperiodicos.unisul.br/index.php/Linguagem_Discurso/article/view/295/314. Acesso em: 20 maio 2020.

ZANQUETA, Leandra. Diálogo sobre etiqueta no Facebook. São Paulo: Dracena, 2014.